KAWADE
夢文庫

日本刀
妖しい魅力にハマる本

博学こだわり倶楽部[編]

河出書房新社

日本刀の魅力に触れる――まえがき

かつての日本人にとって、日本刀はなくてはならないものだった。武器として携え、美術品として鑑賞し、神として祀り、権威の象徴として崇《あが》めてきた。現代でもなお愛好家は多く、さらに、歴史ブームもあって、日本刀に興味をもつ若者も増えている。

ところが日本刀には、見どころ、語りどころがあまりにも多すぎる。刃文はどうだ、反りはこうだ、地鉄《じがね》の働きはどうなっている？　時代は？　産地は？……。「日本刀の面白さはここにある」とも言うが、じっさいこれらを本格的に学ぼうと思ったら、一朝一夕《いっちょういっせき》にはいかない。

そこで、まずは日本刀を知る〝入門書〟として、本書をご覧いただきたい。

日本刀はなぜ斬れるのか、どのくらい斬れるのか、反《そ》りは何のためについているのか、といった基礎知識や、構造、特徴、鑑賞のポイントをイラストと共に解説。さらに、「天下五剣《てんがごけん》」「天下三名槍《てんがさんめいそう》」と呼ばれる名刀や、戦国武将、維新の志士の愛刀とそれにまつわる逸話や裏話も多数取り上げた。

トンボが鋒《きつさき》に止まった瞬間に、はらりと真っ二つに切れたことからその名が付けられた「蜻蛉切《とんぼきり》」、稲荷明神の氏神が作った「小狐丸《こぎつねまる》」、にっこり微笑む幽霊を斬った「にっかり青江《あおえ》」。

織田信長が森蘭丸《らんまる》に贈った「不動行光《ふどうゆきみつ》」、源氏の勝利を導いた、源頼朝の「髭切《ひげきり》」、勝海舟の「抜かない刀」、近藤勇の〝ニセ〟「虎徹《こてつ》」。

これら、刀匠《とうしょう》たちの手によって生み出された日本刀は、多くの武将たちの手を経て、今なお輝き続けている。

その一振り一振りに隠された歴史ドラマを楽しみながら、日本刀の魅力を感じていただきたい。

博学こだわり倶楽部

日本刀 妖しい魅力にハマる本◆もくじ

第1章 日本刀を知る

第2章 名刀秘話

神代三剣

その他の名刀

第3章 武将の愛刀

◆日本刀一問一答・其の一

第4章 日本刀を鑑賞する

第5章 日本刀と日本人

第6章 怪刀伝説

カバー写真◆田中幸男／アフロ
本文イラスト◆青木宣人
◆瀬川尚志
協力◆BE-million

第1章 日本刀を知る

日本刀はなぜ、すさまじい斬れ味をもつのか、どのくらい斬れるのか、「反り」は何のためにあるのか、「焼き入れ」とは何なのか…。まずは、その構造や各部の名称、作り方など、基本をお教えしよう。

世界最強の刃物といわれる日本刀

江戸時代中期、『三国通覧図説《さんごくつうらんずせつ》』『海国兵談《かいこくへいだん》』などを著し、危険思想の持ち主として弾圧された林子平《しへい》（1738〜1793）のエピソードから紹介しよう。

日本各地を訪れ見聞を広めていた子平が、長崎に滞在していたころの話である。

子平はあるとき、大きな騒ぎに遭遇した。鎖国中の日本と貿易をしていた清国の唐人たちが、日本の対応に不満をもち、暴動を起こした末、唐人屋敷内の建物に立てこもってしまったのである。

子平は、唐人たちが立てこもる建物の門にかかった閂《かんぬき》（門や建物の出入り口の扉を閉ざすための横木）を、持っていた日本刀で叩《たた》き斬《き》り、建物に突入、さらに、唐人の持っていた青竜刀《せいりゅうとう》（中国の軍刀。薙刀《なぎなた》に似た長い柄《つか》の太刀《たち》）をも一刀両断にした。

こうした子平の活躍によって暴動は鎮圧され、彼の武勇伝はあっという間に長崎の町に広まった。そんな彼の評判を聞きつけたオランダの商館長アーレン・ヘイトが子平を自宅に招待し、言った。

「噂というものは当てにならないものだが、林殿の活躍も、そうとう尾ひれがついているようだね。中肉中背の日本人が、門の閂を叩き斬り、青竜刀を真っ二つにしたなどというデマが流れているそうじゃないか」と。

　それを聞いた子平は、ヘイトの家にあった洋刀を七本束ね、いともたやすく一刀のもとに両断してみせたのである。真偽のほどは確かではないが、日本刀のスゴさを物語る、豪快なエピソードではある。

日本刀は、どれくらい斬れるのか

　武士にとって日本刀は、持つ人の命を守る大切なもの。「世界最強の刃物」とはいっても、実際自分の日本刀がどのくらい斬れるのか、気になるところである。いざ戦いの段になり、その斬れ味の悪さに気付いてももう遅い。敵の刃《やいば》に斬り倒されて、あっという間もなく、おしまいだ。

　現代では日本刀を使って敵と斬り合うことはないが、それでも「日本刀の命」ともいえる斬れ味は、その品質を左右するうえでの最重要事項であり、巻藁《まきわら》や畳、青竹などを使って「試し斬り」が行われている。ましてや、戦いの道具として日本刀を使っていたころは、武士はその斬れ味には非常に神経をつかっていた。

江戸時代には、死刑囚の死体を使って刀剣の試し斬り役を務める者も現れた。首切り浅右衛門《あさえもん》とか、人斬り浅右衛門と呼ばれた山田浅右衛門や、山野勘十郎などが有名である。

死体一人分の胴が斬れたら「一つ胴」、二人重ねて斬れたら「二つ胴」、三人重ねて斬れたら「三つ胴」などと認定される。また、体の部位によっては、骨が多い、太い、硬いなどの違いがあるため、どこを斬ることができたのかも重要だ。

こうした試し斬りによって証明された、斬れ味の優れた日本刀は「業物《わざもの》」と呼ばれている。業物にも段階があり、もっとも優れたものから順に「最上大業物」「大業物」「良業物《よきわざもの》」と、評価されている。

ここで、斬れ味に由来した異名をもつ日本刀をいくつか紹介しよう。

◆**波遊ぎ兼光**［なみおよぎかねみつ］

備前長船二代兼光《びぜんおさふねにだいかねみつ》作。川に飛び込んで逃げようとする敵に追いつき、背後から斬りつけたが、斬られたはずの者はそのまま川に飛び込み、泳いで逃げていく。仕損じたのだろうか？　いや、そうではない。向こう岸に辿《たど》りつき水から上がった途端に、体が真っ二つになった。あまりの斬れ味に、斬られたことにも気付かず泳ぎ続けたとでもいうのであろうか。

◆**八文字長義**［はちもんじちょうぎ］

備前長船長義《ながよし》作。永禄一〇年（１５６７）、小田原の北条氏政《ほうじょううじまさ》が下妻《しもつま》城主多賀谷《たがや》政経《まさつね》を攻めた際、政経の援軍として出陣していた佐竹義重《よししげ》が、北条方の騎馬武者を頭上から一撃したところ、兜《かぶと》もろとも頭と体が真っ二つに割れ、馬の左右に八文字形になって落下したことから名付けられたという。

◆**八丁念仏団子刺し**［はっちょうねんぶつだんごさし］

戦国時代の鉄砲隊で知られる雑賀衆《さいかしゅう》・鈴木孫一《まごいち》が所有したもの。「八丁念仏」は、斬られた相手が念仏を唱えながら八丁（約９００ｍ）進んだところで、脳天から真っ二つになって絶命したという逸話から。

「団子刺し」は、この日本刀を杖《つえ》のようにして地面を突きながら敵を追っていったところ、気付いたら、道ばたに転がっていた石ころが、いくつもその刃に貫かれ、さながら団子のようになっていたという逸話から名付けられた。

◆鉄砲切り兼光［てっぽうぎりかねみつ］

上杉謙信《けんしん》の愛刀。戦いの中で、一人の武将を斬り伏せると、鎧《よろい》や兜《かぶと》、さらには、武将が所持していた鉄砲までもが断ち斬られたといわれている。

――いずれも荒唐無稽《こうとうむけい》な逸話のようではあるが、なまじっかな斬れ味では、現代まで語り継がれるような伝説がつくられるはずもない。真に優れた名刀であることは間違いないだろう。

「呼び名」はどのようにつけられるのか

前項で、具体的な日本刀の名前が登場したところで、もっとも基本的な「呼び名」について説明しておこう。

まず、意外と誤解があるのが、「正宗《まさむね》」や「村正《むらまさ》」などが、一つの日本刀を指す名前ではなく、これらを作った刀匠の名前であり、彼らの作品の〝総称〟だということ。つまり、「正宗は日本が世界に誇る名刀である」というのは、正確にいえば「正宗が作った日本刀は世界に誇る名刀である」ということになる。

これらの刀匠の名前を、「茎《なかご》」と呼ばれる「柄《つか》」に隠れる部分に入れることを「銘《めい》を切る」といい、銘を切ることで、「誰が作ったものであるか」が明確になる。

武士にとって、この「銘」は重要である。シャネルとかグッチ、トヨタ、日産といった「ブランド名」「メーカー名」に例えたらわかりやすいだろう。「聞いたこともないどこぞのメーカーが作ったバッグよりも、シャネルのバッグがほしい。シャネルなら安心できる」と考えるのと同様に、当時の武士たちも、優れた刀匠の作った名刀に命を預けたいと考えたことは、容易に想像できる。

また、どのような特徴があったとか、持ち主が誰であったとか、誰を斬った、何を斬ったなど、実話や伝説に由来して〝ニックネーム（専門的には「号」）〟が付けられているものも多い。たとえば、刀匠・長船兼光が作った上杉謙信の愛刀を「謙信兼光《かねみつ》」、石灯籠《いしどうろう》を斬ったことから「石灯籠切」、刀匠・三条宗近《むねちか》の作で半月形の模様が見られることから「三日月《みかづき》宗近」など。

有名な正宗の中にも、能楽の観世《かんぜ》家より徳川家康に献上された国宝「観世正宗」や、石田三成が所持し、深い切り込み痕があることから「石田切込《いしだきりこみ》正宗」と呼ばれ、重要文化財に指定されたものがある。このように、国宝や重要文化財に指定されるものには「号」の付いた日本刀が多く見られる。

【日本刀の各部の名称】

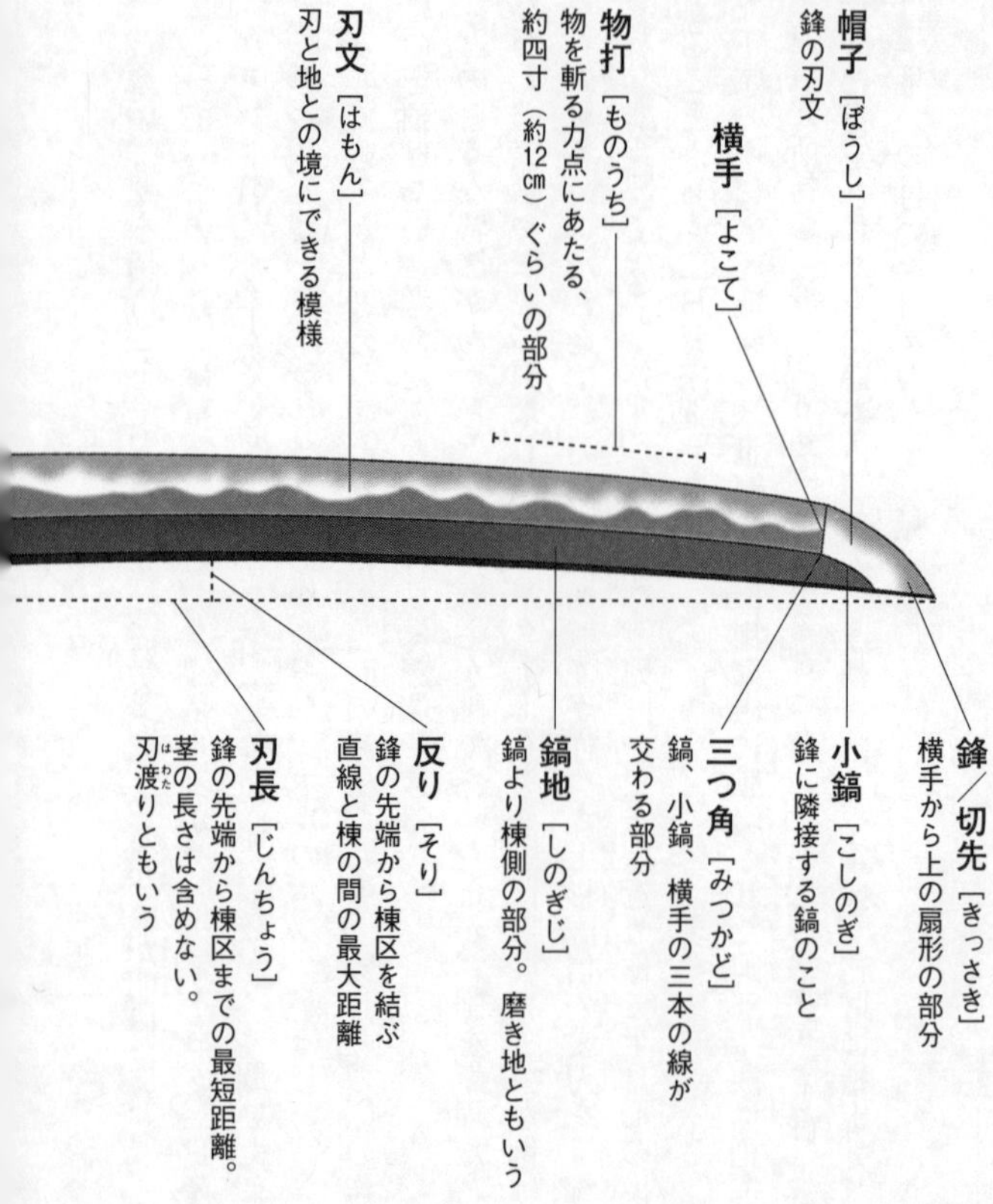
帽子［ぼうし］
鋒の刃文
横手［よこて］
物打［ものうち］
物を斬る力点にあたる、約四寸（約12㎝）ぐらいの部分
刃文［はもん］
刃と地との境にできる模様
鋒／切先［きっさき］
横手から上の扇形の部分
小鎬［こしのぎ］
鎬に隣接する鎬のこと
三つ角［みつかど］
鎬、小鎬、横手の三本の線が交わる部分
鎬地［しのぎじ］
鎬より棟側の部分。磨き地ともいう
反り［そり］
鋒の先端から棟区を結ぶ直線と棟の間の最大距離
刃長［じんちょう］
鋒の先端から棟区までの最短距離。茎の長さは含めない。刃渡《はわた》りともいう

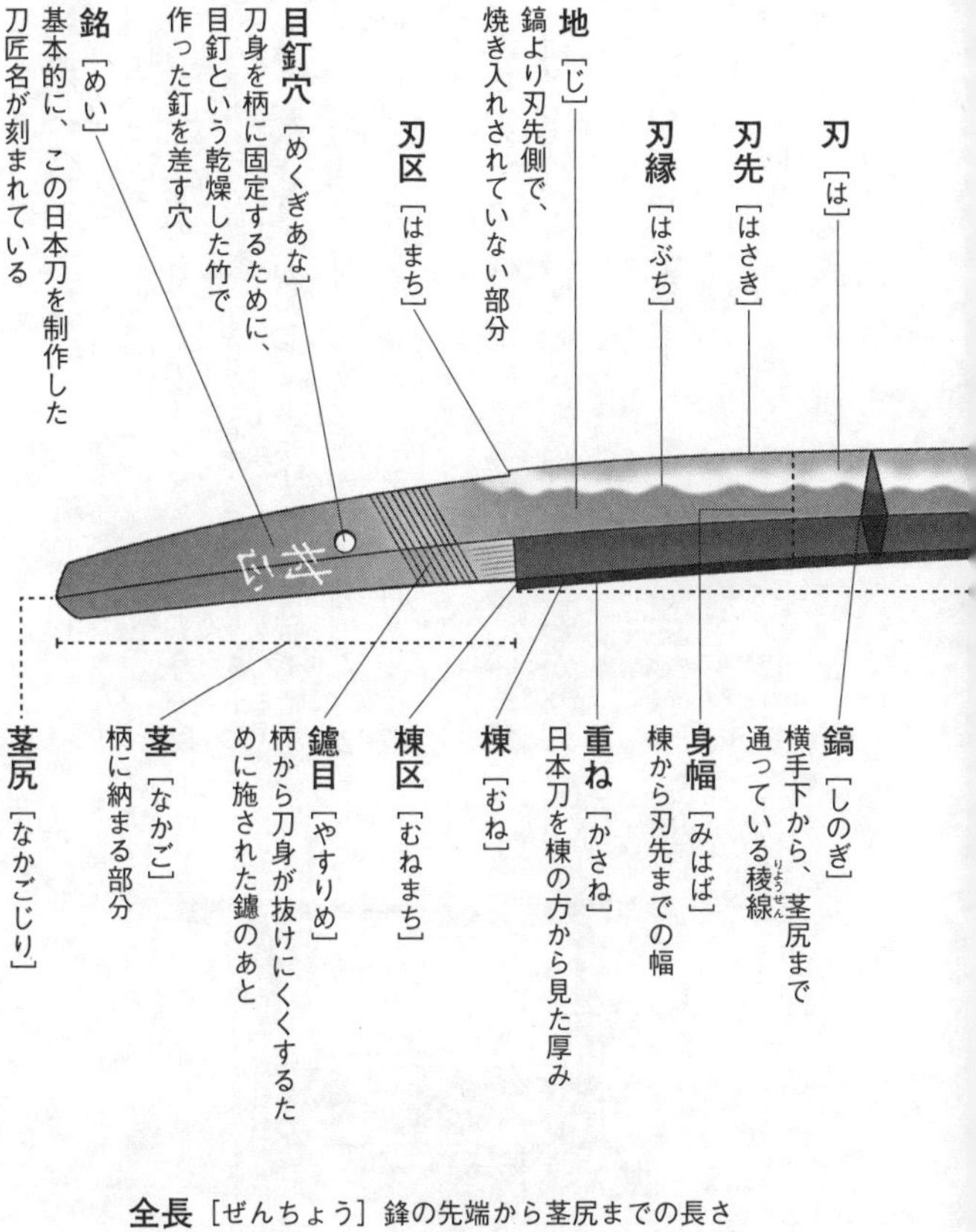
刃［は］
刃先［はさき］
刃縁［はぶち］
地［じ］
鎬より刃先側で、焼き入れされていない部分
刃区［はまち］
目釘穴［めくぎあな］
刀身を柄に固定するために、目釘という乾燥した竹で作った釘を差す穴
銘［めい］
基本的に、この日本刀を制作した刀匠名が刻まれている
鎬［しのぎ］
横手下から、茎尻まで通っている稜線《りょうせん》
身幅［みはば］
棟から刃先までの幅
重ね［かさね］
日本刀を棟の方から見た厚み
棟［むね］
棟区［むねまち］
鑢目［やすりめ］
柄から刀身が抜けにくくするために施された鑢のあと
茎［なかご］
柄に納まる部分
茎尻［なかごじり］
全長［ぜんちょう］鋒の先端から茎尻までの長さ

「刀」と「太刀」

まずは、前ページの日本刀のイラストを、もう一度ご覧いただきたい。博物館などでは、このイラストのように、茎《なかご》を左、鋒《きつさき》を右にして展示するのが普通である。さらに、日本刀には表裏があるが、もちろん、表（基本的に、銘が入っている側が表）が正面を向くように展示する。

それを踏まえて、次は、下のイラストを見ていただきたい。前ページのものとどこが違うか、おわかりだろうか。

答えは「刃の向き」である。どちらも茎が左で鋒が右、しかも正面を向いている。ところが、前ページのものは刃が上を向き、下のイラストは刃が下を向いている。両者とも、その置き方に間違いはない。

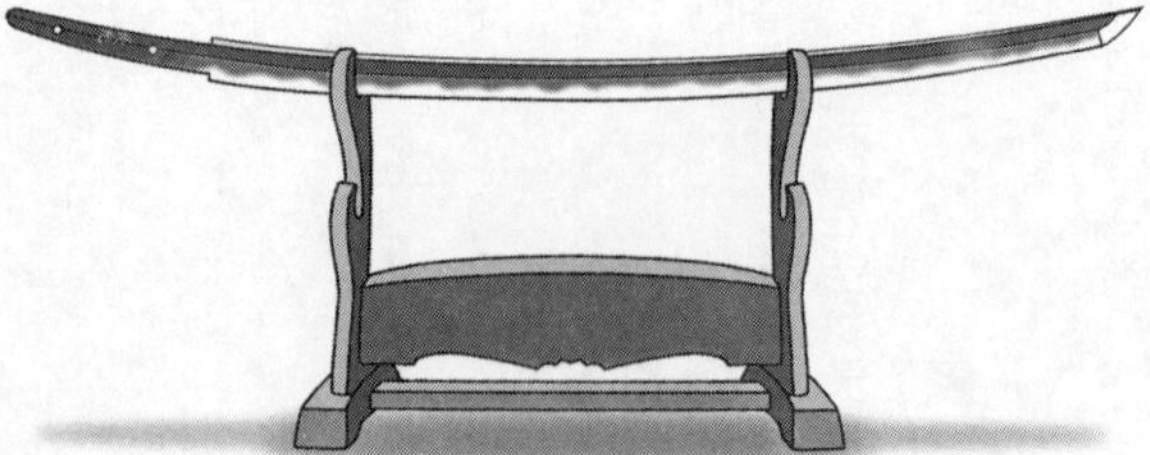

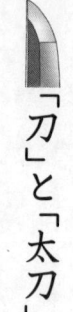

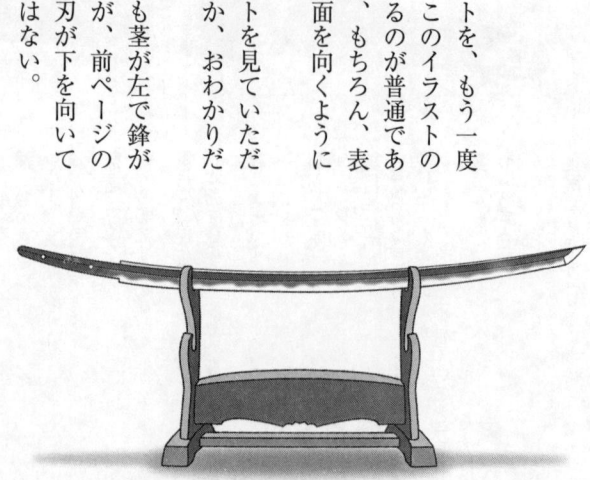

実は、刃が上にくるか下にくるかは、それが「太刀《たち》」か「刀《かたな》（打刀《うちがたな》）」かの違いによる。それぞれの特徴は、次のとおりである。

太刀

刀

【太刀】刃を下にして、腰に吊り下げる（佩用《はいよう》する／佩刀《はいとう》する）

騎馬戦が中心だった平安中期から鎌倉、室町初期にわたって使われた日本刀。馬に乗ったまま戦うのに都合がいいように作られている。

【刀（打刀）】刃を上にして、腰帯に差す。

室町時代中期以降は歩兵戦が中心になり、太刀のように腰からぶら下げているとブラブラして邪魔になるため腰帯に差すようになった。今では「刀」は日本刀全体の呼び名として使われているが、本来は太刀と区別した固有の呼び方である。

太刀も刀（打刀）も、表を外側、裏を体側に向けて帯刀するのだが、そうすると自然に、太刀は刃が下、刀は刃が上を向くことになる。日本刀を飾るときも同様、表を正面、茎を左に置くと、自然と刃の向きに違いが出るというわけである。

これでもうおわかりだろうが、20ページのイラストは「刀（打刀）」、22ページは「太刀」ということになる。

ではいったいなぜ、刃を上にしたり下にしたりといった違いが生まれたのだろう。刃を上にして馬に乗ると、下に向かって反った鞘尻《さやじり》（鋒《きっさき》側の先端）が馬のお尻に当たり、馬が落ち着かなくなるため、騎馬戦中心の時代の太刀は、刃を下にした。

それに対し、歩兵戦中心の時代の刀は、抜きざまに素早く斬れるよう、刃を上にして差したのではないかと考えられている。歩きながら邪魔にならないよう、太刀よりもやや短めのものが多く、また、鞘から抜きやすいよう、反りも浅く作られている場合が多い。

日本刀の種類

太刀と刀だけでなく、日本刀はその形や長さなどの違いによって、以下のように分類される。

太刀／刀……刃長《じんちょう》二尺以上のもの（一尺は30・3㎝）。太刀と刀の違いは23ページのとおり。

脇差《わきざし》……一尺以上二尺未満のもので、刀と同じく腰に差す。江戸時代、武士は大小二つの刀を差すよう定められ、大刀《だいとう》を本差《ほんざし》、小刀《しょうとう》を脇差として装備した。

短刀《たんとう》……一尺未満のもの。

槍《やり》……「突く」ために、刀身は両刃《もろは》（左右とも刃）になっていて、折れにくいように分厚く作られている。

薙刀《なぎなた》……茎《なかご》が長く、刀身の先端へと反りがつく。源平の時代にもっとも盛んに使用され、江戸時代には武家の女子必須の習い事として「薙刀術」が広まった。

その他……両刃で反りのない「剣《けん・つるぎ》」、大太刀の柄を長くとった「長巻《ながまき》」など。

また、「仕込み刀」と呼ばれ、外見からは刀とはわからないように偽装されたものもある。扇子《せんす》や煙管《きせる》のような外装に短刀を内蔵したもの、鞘《さや》を竹に似せて作ったもの、傘に模して作ったもの。時代劇『座頭市』の主人公・市《いち》が持つ、杖《つえ》の中に刀身を仕込んだ「仕込み杖」は有名だ。

「折れず曲がらずよく斬れる」といわれる理由

ひと口に日本刀といってもさまざまな種類があることは前述したとおりだが、どの日本刀に対しても、「折れず曲がらずよく斬れる」という表現がよく使われる。意味は、読んで字のごとし。だが、この言葉に存在する〝矛盾〟にお気付きだろうか。

たとえば、「柳に雪折れなし」といわれるように、柳の枝はよくしなる（曲がる）ため、雪が積もっても折れることはない。逆に、しなりのない木の枝は、一定以上の力を加えるとパリンと折れてしまう。つまり、「折れないこと」と「曲がらないこと」とは、両立しがたい性質なのである。

では、いったいどうやって日本刀は、「折れず、曲がらず、よく斬れる」を可能にしているのだろうか。

日本刀の原材料となる鉄は、炭素を多く含んでいると硬くて折れやすくなり、逆に、炭素が少ない鉄は軟らかくて（粘り気があって）折れにくい。実はこの二種類の鉄を使うことで、日本刀の矛盾を解決しているのである。

さらに、これらの鉄を「赤く熱しては叩いて延ばして折りたたむ」という作業をくり返す。これを「折り返し鍛錬《たんれん》」といい、叩くことで不純物を叩き出し、炭素量を調整する。と同時に、折り返すたびに層は倍々に増えていく。一〇回折り返すと一〇二四層にもなるのだから、この折り返し鍛錬によって、世界にも類を見ない日本刀の鉄の強さが生まれるのも、もっともだ。

こうして炭素を調節して作られた、硬い外側の鉄（皮鉄《かわがね》）と、衝撃を吸収する軟らかい内側の鉄（心鉄《しんがね》）との二重構造（イラスト参照）、さらに「焼き入れ」という作業によって、刃はより硬くなる。

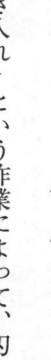

これが、「折れず曲がらずよく斬れる」の秘密である。

【刀身の断面】

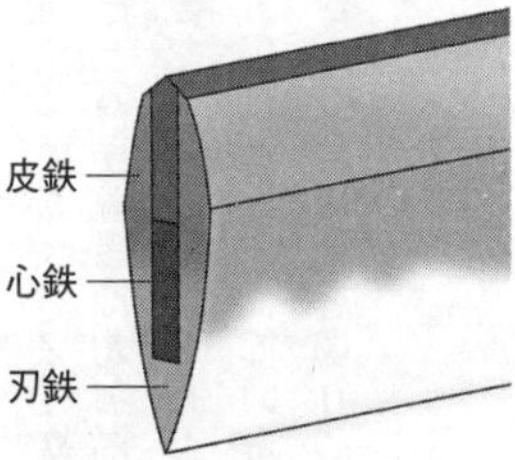

日本刀に命を吹き込む「焼き入れ」

刀の世界とは関係のない人間が「焼きを入れる」といえば、制裁や拷問を加えるといった意味で使われ、何とも物騒な話だが、もともとは、ご推察のとおり、作刀工程の一つ、「焼き入れ」からきた言葉である。

焼き入れをすることで刃が硬くなるばかりでなく、日本刀鑑賞の重要ポイントでもある「刃文」があらわれ、「反り」が生まれる。まさに〝刀に命を吹き込む瞬間〟である。それと同時に、失敗すれば「焼き割れ」といって刀身にひび割れが入ることもあり、そうなると命が吹き込まれるどころか、これまでの思い入れと共に刀身はオシャカとなる。

この神聖な焼き入れの日には、刀匠は神棚を清めて柏手《かしわで》をうち、成功を祈るのだ。

また、「焼き船」と呼ばれる、焼いた刀身を水（ぬるま湯）で冷やすための檜《ひのき》の水槽は、縁起をかついで〝割れない〟数字「七尺」であつらえる刀匠も多い。

焼き入れは夜、すべての明かりを消して行われる。焼かれた刀身が赤くなるその微妙な火加減を見落とさないためだ。全体に火が通り、ここぞという瞬間に火から出して、焼き船で急冷する。このぬるま湯の温度が非常に重要で、焼き割れの原因となったり刃の硬さにも大きく影響することから、一子相伝《いっしそうでん》の秘密ともされている。師匠の目を盗んで湯船に手を入れ、その適温を盗んだ弟子が、師匠に腕を切り落とされたという話も伝えられている。

焼き入れによって命を吹き込まれた日本刀だが、まだまだ完成には程遠い。茎《なかご》に鑢《やすり》をかけ、銘を切ったら、刀匠の手を離れ、「研《と》ぎ師」に回される。「研ぎ」の工程では、地《じ》は青黒く、刃は白く研ぎ、棟《むね》と鎬地《しのぎじ》には光沢を出し、鋒《きっさき》を仕上げる。自らの経験や勘だけを頼りに寸分のくるいもなく研ぎ上げていく技術には、驚かされる。日本刀の研ぎとは、切れ味はもちろん、美的調和をより高くしていく作業なのである。

さらに、白銀師《しろがねし》、鞘師《さやし》、柄巻師《つかまきし》、鐔師《つばし》、塗師《ぬし》の手に渡り、それぞれの匠《たくみ》の技によって刀装《とうそう》小道具（刀剣を携帯し、使用しやすくするための付属物）が作られ、ようやく一振《ふ》りの日本刀が完成する（日本刀を数える単位は「振り」という）。

- 白銀師……主に鎺《はばき》（下のイラスト参照）を制作する。鎺は茎に装着する金具で、鞘の中で刀身を浮かせて固定する大切な役目をもつ。
- 鞘師……木を彫り出して鞘と柄木を作る。
- 柄巻師……柄木に鮫皮《さめがわ》や組紐《くみひも》を巻く。
- 鐔師……鐔を作る。
- 塗師……鞘に漆などを塗る。

【鎺とは】

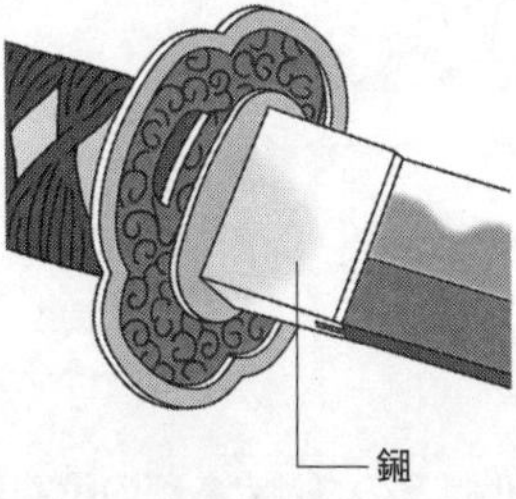

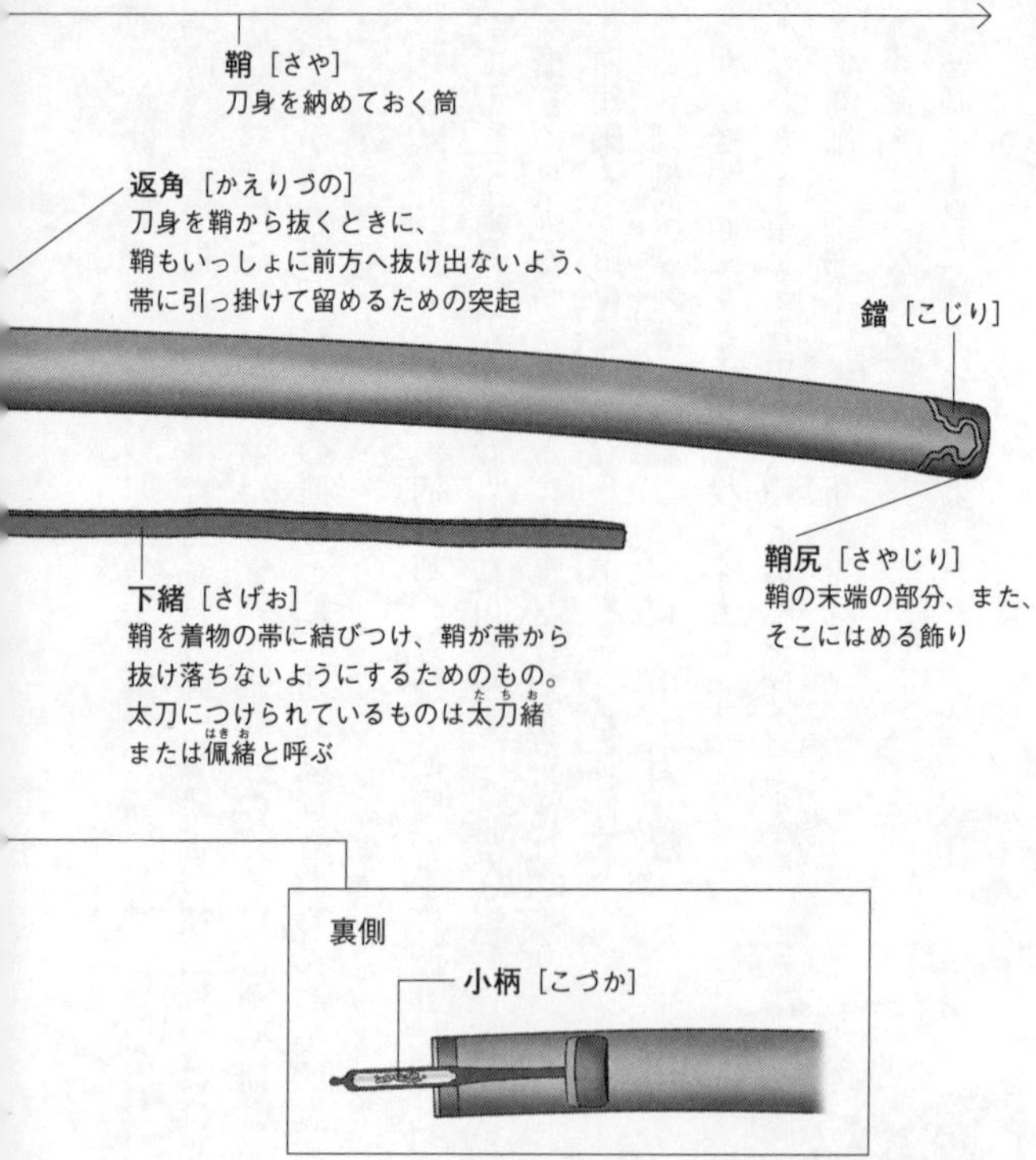
鞘［さや］
刀身を納めておく筒
返角［かえりづの］
刀身を鞘から抜くときに、
鞘もいっしょに前方へ抜け出ないよう、
帯に引っ掛けて留めるための突起
鐺［こじり］
下緒［さげお］
鞘を着物の帯に結びつけ、鞘が帯から
抜け落ちないようにするためのもの。
太刀につけられているものは太刀緒《たちお》
または佩緒《はきお》と呼ぶ
鞘尻［さやじり］
鞘の末端の部分、また、
そこにはめる飾り
裏側
小柄［こづか］

【打刀の刀装小道具の名称と各部の役割】

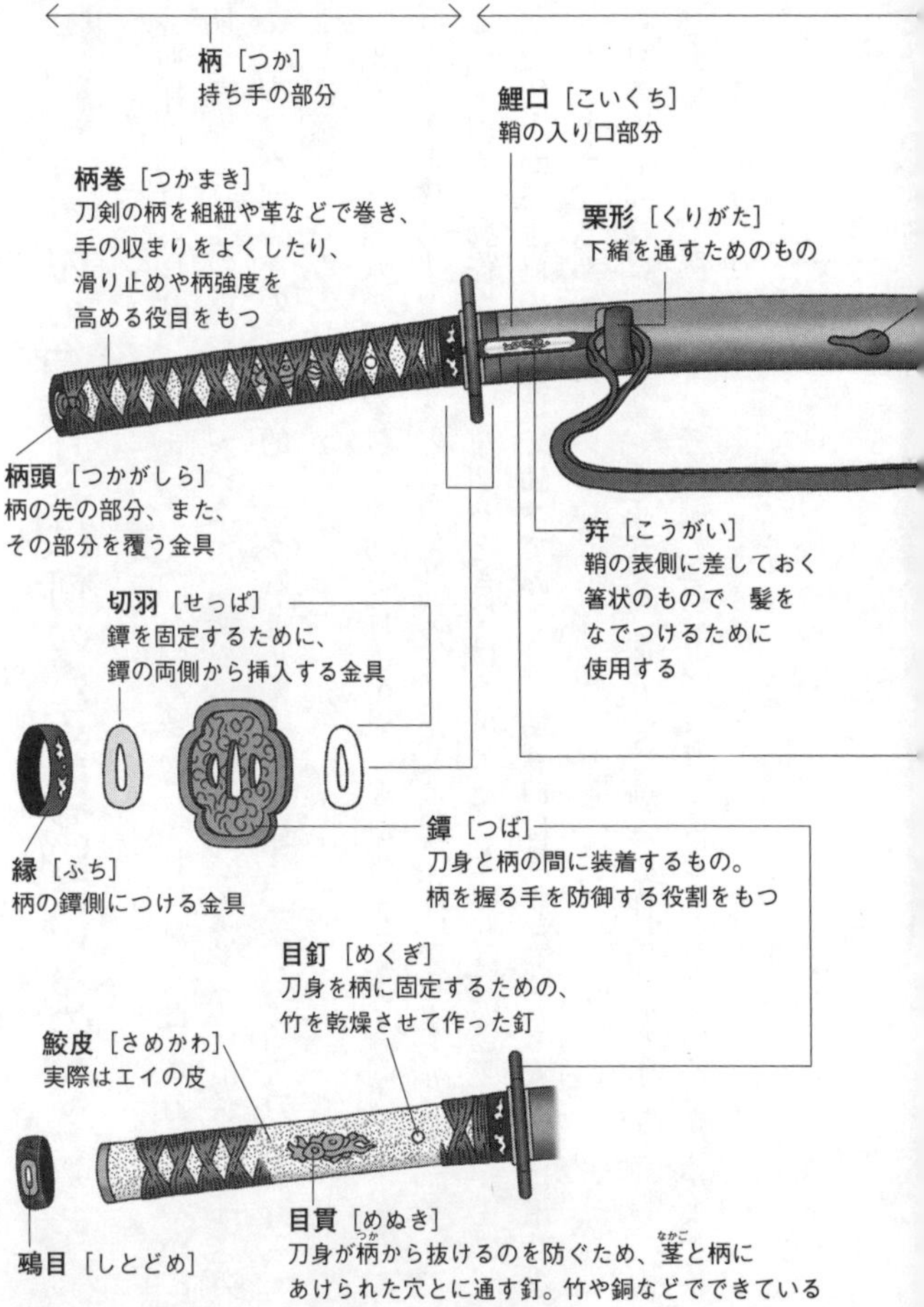
柄［つか］
持ち手の部分
鯉口［こいくち］
鞘の入り口部分
柄巻［つかまき］
刀剣の柄を組紐や革などで巻き、手の収まりをよくしたり、滑り止めや柄強度を高める役目をもつ
栗形［くりがた］
下緒を通すためのもの
柄頭［つかがしら］
柄の先の部分、また、その部分を覆う金具
笄［こうがい］
鞘の表側に差しておく箸状のもので、髪をなでつけるために使用する
切羽［せっぱ］
鐔を固定するために、鐔の両側から挿入する金具
鐔［つば］
刀身と柄の間に装着するもの。柄を握る手を防御する役割をもつ
縁［ふち］
柄の鐔側につける金具
目釘［めくぎ］
刀身を柄に固定するための、竹を乾燥させて作った釘
鮫皮［さめかわ］
実際はエイの皮
目貫［めぬき］
刀身が柄《つか》から抜けるのを防ぐため、茎《なかご》と柄にあけられた穴とに通す釘。竹や銅などでできている
鵐目［しとどめ］

日本刀の「反り」は何のためについているのか

西洋の剣は、反《そ》りのないまっすぐのものが多い。それに対して日本刀は緩やかに反っている。その違いは、「突く」か「斬る」かの違いである。反りがあっては「突く」のに不向きなのは直観的にわかるとして、ではなぜ、反りがある刀は「斬る」ことに適しているのだろうか。

まずは、料理人が刺身を包丁で切る様子を思い浮かべてみよう。刺身包丁を向こうから手前にスーッと引くと、角が立ったきれいな刺身が次から次へとできてくる。この「引く」動作が、ものを切るときには不可欠だ。ためしに、包丁を引かずに、刺身の上から垂直の力だけで切ってみよう。切り口は乱れ、とても人前には出せないお造りができあがるに違いない。

日本刀も同様に、「引く」ことで斬る。そして、斬る動作は、肩を中心とした「円運動」となり、弧を描く。その弧に合わせた反りが入ることで、引く動作がよりスムーズになるのである。

日本刀の重さはどのくらい？

二尺三寸（約70㎝）の刀身重量は600〜1200g。その刀身に鐔《つば》や柄《つか》、切羽《せっぱ》、鎺《はばき》などの刀装具を装着し、鞘《さや》を払った（鞘を抜いた）抜き身状態で800〜1400g程度。鉄のかたまりなのだから重いのは当然だが、やはり実戦では少しでも軽い方が扱いやすく有利である。日本刀の刀身には、縦にスーッと「樋《ひ》」と呼ばれる溝が彫られているが、これは、曲がりにくくする、衝撃を緩和するといった理由とともに、少しでも軽くする役目ももっている。

戦でいちばん役に立ったのは、やっぱり日本刀？

戦において、日本人にとって日本刀の存在意義は高かった。なぜなら、討ち取った敵の首を斬り落とさなければ、手柄が認められなかったからである。そういう意味では、いちばん役に立っていたのかもしれない。

けれど、攻撃となると、「弓矢」がもっとも有効だったとする意見が多い。遠距離から敵を狙って仕留めることができるからだ。事実、戦でもっとも多くの人間を倒した武器は、弓矢である。

日本刀同士の接近戦では自分も斬られる確率が高くなる。斬られないためには少しでも相手から離れて攻撃したい。この考えでいくと、「刀＜槍＜弓矢」という力関係が成立する（鉄砲や大砲、近代兵器を除いて考えた場合）。日本刀同士の戦いは、討ち死に覚悟の場合のみという意見も見られる。

戦に不向きなら、日本刀は何の役に立ったのか？

ズバリ、護身用としては、もっとも有効な武器である。

弓矢は攻撃には向いているが、不意に誰かに襲われたときに使えるかといったら、それは不可能だ。その点、槍はじゅうぶん役立つ。しかし、携行《けいこう》するには長すぎて不便である。腰に差して歩くことも無理なので、常に手に持っていなければならないのも欠点。抜き身で持ち歩くのは危ないからとカバーをしたら、とっさのときにカバーを外すのに時間がかかる。

これらの欠点をすべて補うのが、日本刀である。

百人斬りは可能か？

これについてはよく議論されるところである。血や脂で斬れ味が鈍るとか、いやそんなことはないとか。一人でも斬ると刃こぼれするとか、いやそんなことはない、三人はいけるとか、一〇人はいけるとか。日本刀の質や、使い手の腕によるところが大きいのだろうが、それにしても、百人斬りは……。

当時いくらくらいしたのか？

国立国会図書館所蔵の『新刀名鑑《しんとうめいけんかがみ》』という資料を参考にして考えてみよう。これは、一六～一七世紀に活躍した刀匠一二四人の番付《ばんづけ》と、当時の相場を表にしたものである。それによると、最高で三〇両、最安値は一両、ほとんどの刀工が一〇両未満である。一八〇〇年代初めの江戸では、一人前の大工の年収が約二〇両だったことを考えると、やはり名刀は高価である。

日本刀剣史年表

		主な出来事	刀剣の特徴	刀剣の区分
500	古墳			
		磐井の反乱		
600	飛鳥	大化の改新　白村江の戦い		上古刀
		壬申の乱		
700	奈良		直刀	
800		坂上田村麻呂の蝦夷討伐		
900				
		承平・天慶の乱	湾刀の発生	
1000	平安			古刀
		前九年の役　後三年の役		
1100		保元の乱　平治の乱	腰反り高い太刀	
		源平の戦い		
1200	鎌倉			
		蒙古襲来	太刀　長く幅広の太刀	
1300				
	南北朝	南北朝の戦い		
1400	室町			
		応仁の乱		
1500				
		朝鮮出兵		
1600	安土桃山	関ヶ原の戦い	打刀　頑丈な打刀	末古刀
1700	江戸			新刀
1800			復古刀の発生	
		戊辰戦争　廃刀令		新々刀
		日清戦争		
1900	明治	日露戦争		
	大正	太平洋戦争	軍刀の発生	
	昭和			
2000				現代刀
	平成			

第2章 名刀秘話

名刀には名刀たる理由がある。斬れ味や姿形、そして、誰がつくったのか、誰の手に渡ったのか、どんな武勇伝を残しているのか…。天下五剣や天下三名槍など、名刀中の名刀、24振りの〝記憶〟を探っていこう。

天下五剣

「童子切安綱《どうじぎりやすつな》」「鬼丸国綱《おにまるくにつな》」「三日月宗近《みかづきむねちか》」「大典太光世《おおでんたみつよ》」「数珠丸恒次《じゅずまるつねつぐ》」。この五振りの日本刀を総称して、「天下五剣《てんがごけん》」と呼んでいる。室町時代に、特に優れた名刀として定められ、今も変わらぬ賞賛を受けている。平安初期から鎌倉時代に活躍した名工の、入魂の作ばかりだ。

最古の刀匠の最高傑作

童子切安綱

◆どうじぎりやすつな

天下五剣の筆頭ともいわれる名刀中の名刀。日本最古の刀匠とされる、伯耆国《ほうき》（鳥取県西部）の大原安綱《おおはらのやすつな》の最高傑作で、平安時代に作られたとみられるが、詳細は不明。刃長《じんちょう》二尺六寸五分（約80㎝）の堂々たる太刀《たち》である。

「童子切」という恐ろしげな異名は、丹波大江山《たんばおおえやま》に棲《す》む鬼神・酒呑童子《しゅてんどうじ》を退治したことに由来する。

平安時代中期、当代随一の武士といわれた源頼光《みなもとのよりみつ》は、都に出没しては美しい娘をさらっていく酒呑童子を討伐《とうばつ》するよう命じられた。頼光とその一行は、山伏《やまぶし》を装い、武具を隠して、その棲家にやってきた。出家には危害を加えることのない酒呑童子は、山伏の姿をした一行を屋敷に迎え入れ、もてなした。

頼光は、毒を仕込んだ酒を勧め、酒呑童子を酩酊《めいてい》させることに成功。寝床に攻め入り、太刀を振るって巨大な鬼の首を落とす。

この太刀こそが「大原安綱」。のちに「童子切安綱」の異名を冠せられることとなる名刀である。

現在は国宝に指定され、東京国立博物館に所蔵されている。

邪気祓いの守護刀
鬼丸国綱◆おにまるくにつな

山城国《やましろ》（京都府南部）の刀匠・粟田口国綱《あわたぐちくにつな》による、鎌倉時代の傑作。最初の持ち主は鎌倉幕府初代執権・北条時政《ときまさ》であったとも、五代執権・時頼《ときより》であったとも伝えられるが、ここでは『太平記』に記されているとおり、時政と鬼丸国綱にまつわるエピソードとして紹介しよう。

北条時政は、悪夢に悩まされていた。夜ごと枕元に小鬼が現れ、時政の眠りを妨げるのだという。そして、とうとう病に倒れてしまった。加持《かじ》や祈禱《きとう》も効果なく、病はどんどん悪化するばかり。

そんなある晩のこと。時政の枕元に一人の老人が現れて、こう言った。「私は粟田口国綱の太刀の化身《けしん》である。小鬼を退治してやりたいのだが、錆《さ》びついていて、どうにもこうにも鞘《さや》から出ることができない」と。

翌朝、さっそく国綱を手入れして、抜き身のまま寝室に立てかけておいた。その夜のこと。突然国綱の太刀が倒れ、そばにあった火鉢の台座にかたどられた小鬼の像の首を斬り落としたのである。

以来、小鬼は姿を見せず、時政はすっかり体調をとり戻した。この国綱の太刀は「鬼丸」と名付けられ、邪気を祓《はら》う宝刀として大切にされたそうである。

現在は皇室御物《ぎょぶつ》として、宮内庁が所蔵している。

気品に満ちた美刀

三日月宗近◆みかづきむねちか

平安時代に活躍した山城国の刀匠・三条宗近《さんじょうむねちか》作の太刀。作刀の時期は定かではないが、一一世紀末から一二世紀の作とするのが一般的である。

刃文《はもん》を光にかざすと、刃縁《はぶち》に三日月形の模様が浮かび上がり、これが「三日月宗近」の由来となった。反《そ》りが大きく、身幅《みはば》は先端に近いほど狭く、鐔《つば》に近いほど広くなっている。天下五剣の中でも、もっとも美しい日本刀といわれている。

足利将軍家の家宝として継承されたのち、豊臣秀吉に伝わり、秀吉の正室 北政所《きたのまんどころ》（高台院）が所蔵していた。北政所が亡くなると、その遺物として徳川秀忠に贈られ、以来、徳川家の家宝として伝わる。太平洋戦争後に個人の手に渡ることとなるが、現在は国宝に指定され、東京国立博物館が所蔵している。

病魔を祓う治癒の太刀
大典太光世◆おおでんたみつよ

平安時代の後半に活躍した筑後国《ちくごのくに》（福岡県南西部）の刀匠・三池光世《みいけみつよ》の作。優美なものがもてはやされた平安時代の太刀にしては、重厚でダイナミックな姿をしている。

長く足利将軍家に伝わっていた大典太光世だが、一三代将軍・義輝《よしてる》暗殺ののち、豊臣秀吉、そして前田利家《としいえ》の手に渡ったとされる。以来、前田家伝来の文化遺産を管理する公益財団法人前田育徳会によって保管されている国宝。

大典太光世が豊臣秀吉から前田利家に贈られた経緯については、不思議なエピソードが伝えられている。

前田利家の四女・豪姫《ごうひめ》が、正体不明の病に侵された。利家が、秀吉から大典太光世を借りて豪姫の枕元に置いたところ、病はたちどころに良くなった。ところが、秀吉に太刀を返すと病が再発する。借りては返し、借りては返しを繰り返していたが、秀吉が大典太光世を前田家に贈ると、豪姫の病気も完治したという。

ほかにも、前田利家の三女・麻阿姫《まあひめ》の病気治療に使われたとか、前田利常《としつね》の長女・鶴亀《つるかめ》の病気治療に使われたなど諸説あり、病魔を祓う太刀として、崇《あが》められていたといわれる。

世を鎮める善の刀

数珠丸恒次◆じゅずまるつねつぐ

平安時代に活躍した備中《びっちゅう》国（岡山県西部）の刀匠・青江恒次《あおえつねつぐ》作の太刀。日蓮宗の開祖・日蓮が、信者より、護身用として寄贈された。身延山《みのぶさん》を開山する際、「破邪顕正《はじゃけんせい》の剣」として、柄《つか》に数珠を巻いたことから、「数珠丸」の名が付いたとされる。

日蓮亡きあとは、身延山久遠寺《みのぶさんくおんじ》（山梨県）に保管されていたが、享保年間（171

6～1736）に行方不明となる。

数珠丸が再び世にその姿を現すのは、大正九年（1920）のこと。兵庫県のある刀剣鑑定家が発見し話題になった。発見した鑑定家は、数珠丸を久遠寺に返したい意向を伝えたが、久遠寺はなぜか受け取りを拒否する。

現在は、重要文化財に指定され、兵庫県尼崎市の本興寺《ほんこうじ》が所蔵している。

天下三名槍

「御手杵《おてぎね》」「日本号《にほんごう》」「蜻蛉切《とんぼきり》」の三振りの槍《やり》を指して、天下三名槍《てんがさんめいそう》という。槍は原始的な武器であり、世界では古くから戦争に使用されていた。ところが日本では、戦で槍を使用するようになったのは意外に最近のことであり、「天下三名槍」もすべて室町時代から戦国時代にかけて作られたものである。

天下無敵の大豪槍

御手杵◆おてぎね

室町時代に活躍した駿河国《するがのくに》（静岡県中央部）の刀匠・五条義助《ごじょうよしすけ》の作といわれる。

全長約3・8m、重さ約22kgの大身槍であったといわれる。太平洋戦争による戦火によって焼失し、現在は茨城県結城《ゆうき》市の図書館に、レプリカが保管されている。下総国《しもうさ》(おもに千葉県北部)の大名・結城晴朝《ゆうきはるとも》が作らせ、たいそうお気に入りの槍だった。ある戦で、討ち取った十数個の敵の首をこの槍に通し、肩に担いで帰城した。途中、中央の首が一つ落ち、その様子が手杵のようにも見えたといわれている。

黒田節に唄われる至高の槍

日本号◆にほんごう

作者不明。元は皇室の所有だったが、皇家から室町幕府第一五代将軍・足利義昭《よしあき》へと下賜《かし》され、織田信長、豊臣秀吉へと巡り、賤ケ岳《しずがたけ》の戦いで大功を立てた福島正則《ふくしままさのり》の所有となる。

この後、黒田孝高《よしたか》(官兵衛《かんべえ》)の手に渡ることになるのだが、それにまつわる逸話が、民謡『黒田節』の中で今も唄いつがれている。

あるとき、福島正則の屋敷に、黒田孝高・長政《ながまさ》父子に仕える猛将・母里太兵衛友信《もりたへえとものぶ》が、主君の使いでやってきた。正則はしきりに酒をすすめるが、友信は辞退する。それでもしつこく、「この杯の酒を飲み干せば、望みの品を取らせる」と言い、さらに黒田武士（黒田領下の武士）を侮辱して、友信を挑発する。黒田武士のプライドを守るため、友信は大杯に注がれた酒を一気に飲み干し、正則が所有する天下の名槍「日本号」を、まんまと頂戴《ちょうだい》したのである。

このように、酒癖が悪かったともいわれる正則だが、「武士に二言はない」と言って日本号を譲り渡すあたりは潔い。

その後日本号は、友信と同じ黒田二十四騎の一人である後藤又兵衛《またべえ》などの手に渡り、最終的には黒田家に代々受け継がれることとなった。現在は福岡市に寄贈され、福岡市博物館が所蔵している。

なお、黒田家からは、日本号を頂戴したお返しに、狩野常信《かのうつねのぶ》の屏風を贈ったそうである。

見目美しく、斬れる槍

蜻蛉切◈とんぼきり

作者は、村正一派の藤原正真《まさざね》とされている。使い手は徳川家康の家臣・本多平八郎忠勝。生涯において、五七回もの戦に参加したが、かすり傷一つ負わなかったという猛将である。

鹿の角をあしらった鹿角脇立兜《かづのわきたてかぶと》、大数珠、そして蜻蛉切を身に着けて戦場に立つ忠勝の姿には、多くの敵が震え上がったという。

あるとき、忠勝が槍を立てて休んでいると、どこからともなく一匹の蜻蛉《とんぼ》が飛んできた。そして、槍の先に止まった瞬間、あまりの斬れ味に、蜻蛉は真っ二つになったという。この逸話から、「蜻蛉切」の名が付けられた。

若き忠勝は、全長一二尺（約3・6ｍ）とも一八尺（約5・5ｍ）ともいわれるこの槍を軽々と振り回す豪腕だったが、晩年には体もすっかり弱くなり、柄を三尺（約90㎝）ほど切り詰めたなどともいわれている。

現在は、愛知県岡崎市の岡崎城内施設にレプリカが展示されている。

神代三剣

「神代《かみよ》三剣」と呼ばれる伝説の剣がある。『古事記』『日本書紀』の神話の時代から伝わる、「十束剣《とつかのつるぎ》」「天叢雲剣《あめのむらくものつるぎ》」「布都御魂《ふつのみたま》」の三振りの剣である。伝説の剣といえども、天叢雲剣は三種の神器の一つとして、布都御魂は奈良県石上《いそのかみ》神宮のご神体として、〝現存している〟ところが面白い。

神が振るった最古の刀剣

十束剣◆とつかのつるぎ

日本列島を創造したイザナギノミコト、イザナミノミコト夫婦は、さまざまな神を生み出した。ところが、火の神ヒノカグツチを出産する際、妻イザナミは、炎をまとって生まれ出たわが子に焼かれ、命を落とす。夫イザナギは激怒し、ヒノカグツチの首を掻《か》き切った。その、わが子の首をはねた剣こそが、「十束剣」である。

このときに流れ出たヒノカグツチの血から、火の神、岩石の神、雷の神、水の神が生まれたとされている。これらの神々が、剣を作るために必要な要素を反映していることに、気付いただろうか。作刀には欠かせない「火」「水」、そして「岩石（鉄鉱石）」を砕き砂鉄となす「雷」。十束剣によるイザナギの子殺しは、まるで日本刀誕生のきっかけを暗示しているかのようである。

妻を失ったイザナギは、その後も一人で神々を生み出した。その一人がスサノオノミコトである。

亡き母を慕い続けるスサノオは、父イザナギに嫌われ、また、高天原《たかまがはら》（天上界）を乱した罪によって地上世界に追放された。出雲国《いずものくに》に降り立ったスサノオは、稲田《いなだ》

の女神クシナダヒメの命を狙うヤマタノオロチを退治する。このときに使われたのもまた、十束剣である。

スサノオが仕掛けた酒に酔い眠り込んでしまったヤマタノオロチを、十束剣でズタズタに斬り裂くのだが、その尾に剣を振り降ろしたところ、何やら硬いものに当たり、刃が欠けてしまった。見ると、尾の中に一振りの剣が埋もれていた。

スサノオはこの剣を「天叢雲剣」と命名し、十束剣の刃をも砕く神剣として、姉アマテラスオオミカミに献上した。

天叢雲剣はその後、アマテラスオオミカミが、孫ニニギノミコトを天皇家の祖とするべく地上世界へ送り出す際に、「八咫鏡《やたのかがみ》」「八尺瓊勾玉《やさかにのまがたま》」と共に授けたといわれる。これらが、「三種の神器」として、今に伝わっている。

天皇家に伝わる神器の一つ

天叢雲剣◆あめのむらくものつるぎ

ニニギと共に地上世界に降り立った天叢雲剣は、アマテラスオオミカミを祭神とする伊勢神宮に安置された。これが再び登場するのは、ヤマトタケルノミコトの活躍による。

素行の悪さから父に疎《うと》まれたヤマトタケルは、故郷を出て、朝敵を討伐《とうばつ》するよう命じられる。そんなヤマトタケルを不憫《ふびん》に思い、叔母であり伊勢神宮の斎宮《さいぐう》を務めるヤマトヒメノミコトは、天叢雲剣を彼に与えたのだった。

ある日の駿河国での戦いのこと。敵が野に火を放ち、危うく炎に巻かれそうになったところ、ヤマトタケルは天叢雲剣を抜いて草を薙《な》ぎ倒し危機を逃れた。このときのエピソードから、天叢雲剣は「草薙剣」と称されるようになったそうだ。

神から贈られた剣

布都御魂《ふつのみたま》◆

初代天皇である神武《じんむ》天皇（当時はカムヤマトイワレビコ）が、九州の高千穂《たかちほ》を出発し、大和を治め、橿原宮《かしはらのみや》で即位するという、長い旅の間の出来事である。

一行が、紀伊の熊野にさしかかったとき、突然大きな熊が現れた。何ごともなくやりすごしたものの、大熊が消えた直後、カムヤマトイワレビコと兵士たちは、次々と気を失った。どうやら先ほど現れた大熊は、その土地を守る神の化身であり、一行はその毒気に当たったようだ。

そこへ、熊野の土豪・高倉下《たかくらじ》が一振りの剣を持ってきた。不思議なことに、カムヤマトイワレビコは何ごともなかったかのように目を覚まし、高倉下の差し出す剣を受け取った。すると、気を失っていた兵士たちは、たちまち元気になったという。

いったいどういう剣なのかとたずねると、高倉下が見た不思議な夢について、語り始めた。

高天原で、アマテラスオオミカミとタケミカヅチ（雷神・剣の神）が、地上を見ながら話をしている。どうやら、カムヤマトイワレビコが難儀していることを心配しているらしい。アマテラスオオミカミは、タケミカヅチに、

「地上に行ってカムヤマトイワレビコを助けなさい」

と言った。すると、

「私が行く代わりに、この剣を地上に降ろしましょう」

と言い、話を聞いていた高倉下に向かって、

「この剣を倉に落としておくから、朝になったらカムヤマトイワレビコの元に運びなさい」

と言った。翌朝、倉に行ってみると、本当に一振りの剣が落ちているではないか。すぐさまそれを、夢のお告げのとおり、カムヤマトイワレビコのところに持っていったというわけである。

その後、無事大和を平定し、橿原宮で即位、カムヤマトイワレビコは初代天皇・神武天皇となった。

現在、布都御魂は奈良県石上《いそのかみ》神宮に、ご神体として祀《まつ》られている。

その他の名刀

「天下五剣」や「天下三名槍」などの称号は冠されていなくとも、名刀と呼ぶにふさわしい日本刀はまだまだ存在する。優美な姿、華麗な来歴、語り継がれる逸話。一振りの日本刀が名刀と呼ばれるに至ったわけを見ていこう。

見る者を圧倒する名刀中の名刀

大包平◆おおかねひら

平安時代末期の刀匠・備前国包平《びぜんのくにかねひら》作。「天下五剣」の筆頭として紹介した童子切安綱と並び称される、最高傑作の太刀である。

身幅広く、反《そ》り高く、鋭く薄い刀身が斬れ味のよさを物語るも、罪人の死体を使った試し斬りの記録もない。奇想天外な逸話も武勇伝もない。実戦に使用された形跡もない。それなのになぜ、これほどまでの評価がなされるのか。

日本刀に精通している者がこの太刀を前にすると、その気品と力強さ、存在感に圧倒されるという。また、作刀から一〇世紀も経とうというのに、磨かれて減ることのない健全さ。一点のムラもなく焼き上げられた刀身。まさに、日本刀界の大横綱の風格だ。

若いころから最前線で戦い続け、織田信長、豊臣秀吉、徳川家康に仕えた勇将・池田輝政《てるまさ》の愛刀であり、現在は、国宝に指定され、東京国立博物館が所蔵している。

戦後、GHQのマッカーサーが、大包平を熱心に所望したところ、「ニューヨークの自由の女神と交換ならさしあげよう」と、切り返されたとも伝えられている。

日本刀剣史を変えた最初の湾刀

小烏丸◆こがらすまる

刀剣が日本で作られたのは古墳時代からといわれている。当時の刀剣のほとんどは、反りのない直刀《ちょくとう》だったが、平安時代中期以降、「湾刀《わんとう》」と呼ばれる反りのある刀剣が作られるようになった。

この小烏丸は、直刀ばかりの時代に突如現れた湾刀であり、鋒《きっさき》だけが両刃《もろは》という、独特の形をした不思議な一振りである。

奈良時代、または平安時代に活躍した大和国《やまと》（奈良県）の刀匠・天国《あまくに》の作といわれるが、当時の日本刀にはあり得ない作りであることから、作者は別にいるとする説も濃厚である。さらには、アマテラスオオミカミに仕える八咫烏《やたがらす》が運んできたという伝説もある。

それは、桓武《かんむ》天皇が平安京の南殿から下界を見下ろしていたときのことである。天空より巨大な烏が舞い降りてきた。「自分は伊勢神宮の者である」と伝え、羽の間から一振りの剣を落として飛び去った。

その後、小烏丸は平家に伝来する宝剣となり、壇ノ浦の戦いで平知盛《とももり》と共に海中に没したと思われていたが、平氏一門の流れを汲む伊勢家にあることが判明。維新後、元対馬《つしま》藩主の宗氏の手に渡り、明治天皇に献上され、以降、皇室御物として保管されている。

漆黒の拵、鬼気迫る大太刀

獅子王《ししおう》◆

治承《じしょう》四年（1180）のことである。七六歳の老兵・源頼政《よりまさ》は、漆黒《しっこく》の妖気漂う拵《こしらえ》に納められた一振りの太刀を佩《は》いて、平氏を討つために出陣した。馬上からの斬り下ろしに適した形状、刃長《じんちょう》約106・5㎝（現在のものは77・5㎝）。頼政の、平氏打倒の強い気持ちが感じられる。この大太刀が「獅子王」である。

近衛《このえ》天皇の代、夜ごと御所《ごしょ》に現れては大きな鳴き声を響かせ、天皇を脅かす妖怪がいた。猿の頭、虎の手足、狸の体、蛇の尻尾《しっぽ》を持った「鵺《ぬえ》」である。とうとう体調を崩してしまった天皇は、あの酒呑童子を倒した源頼光の子孫である源頼政に、鵺退治を命じる。みごと一矢《いっし》でこの化け物を仕留め、その功績により賜ったのが、この名刀・獅子王である。

老兵頼政は、平氏の先制攻撃を受け敗退、自刃する。彼の愛刀・獅子王は、同族の土岐氏が守り、幕末を経て皇室に献上された。

平安時代に作られたとみられるが、詳細は不明。刀匠も不明。謎多き太刀である。現在は、重要文化財に指定され、東京国立博物館が所蔵している。

天下五剣と並び称される名刀
二つ銘則宗◆ふたつめいのりむね

鎌倉時代初期に活躍した備前《びぜん》国（岡山県南東部）の刀匠・福岡一文字則宗《ふくおかいちもんじのりむね》の作とさ

れ、足利将軍家が、天下五剣の鬼丸国綱、大典太光世と並ぶ第三の宝剣としてきた名刀。

実権を失った一五代将軍・足利義昭《よしあき》が手放した二つ銘則宗は、やがて豊臣秀吉の手に渡った。数多くの日本刀を所持し、名刀には目がない秀吉のこと、この二つ銘則宗もコレクションの一つとすることには何も不思議はない。

ところが入手してすぐに、秀吉は京都の愛宕《あたご》神社に神宝として奉納したのである。このエピソードが、二つ銘則宗のもつ稀有《けう》な権威を物語っている。

現在は、重要文化財に指定され、京都国立博物館で寄託・管理されている。

平安の気品漂う美刀

鶴丸国永◆つるまるくになが

平安時代の刀匠・五条国永《ごじょうくにたが》の作刀の中でも、もっとも優れた太刀といわれているが、作刀の地は不明である。

鎌倉幕府の有力御家人・安達泰盛《やすもり》が所持していたが、幕府の政変により安達一族が滅びると、北条貞時《さだとき》の手に渡った。貞時は、この太刀欲しさに泰盛の墓を掘りおこしたともいわれる。

細身で鋒《きつさき》が小さく、たいへん優雅で洗練された姿、武器というよりは美術品として優れた名刀である。

北条家から織田信長の手を経て、仙台藩の伊達家へもたらされる。維新後、明治天皇に献上され、皇室の御物となった。

派手で豪壮、人気の逸品

大般若長光◈だいはんにゃながみつ

鎌倉時代の刀匠・備前長船長光《びぜんおさふねながみつ》の代表作。足利将軍家から織田信長、徳川家康を巡り、その後も転々として、明治・大正・昭和の政治家・伊東巳代治《みよじ》へ。現在は、国宝に指定され、東京国立博物館が所蔵している。

身幅広く、反り高く、派手で豪壮な姿は目立つ存在だった。ゆえに、人気も高く、足利氏の重宝だったころ、六〇〇貫という代付《だいづけ》（参考価格）が付けられた。現在でいうとおよそ三〇〇〇万円。有名な刀匠の作品でも一〇〇貫ほどだったというから、大般若長光に付けられた価値は破格である。

ちなみに、「大般若」の異名は、その六〇〇貫と、『大般若経』という六〇〇巻からなる経典を掛けて付けられた号である。

昭和一四年（1939）、東京都知事の月収が約五〇〇〇円といわれていたころ、なんと五万円という高値で帝室博物館（現在の東京国立博物館）が買い入れたときには、「帝室博物館は、とんでもない値段で大般若長光を買い入れたが、何かあるのではないか」などと噂されたほどであった。

正宗銘の入った貴重な短刀

不動正宗◆ふどうまさむね

いわずと知れた、名匠・正宗の作。正宗は、鎌倉時代から南北朝時代にかけて、相模国《さがみ》（神奈川県）鎌倉で活躍した刀匠である。

この不動正宗は、刃長25㎝の短刀で、茎《なかご》には「正宗」と銘が切られている。正宗の作品は多く現存するが、銘の入ったものは極めて少なく、たいへん貴重な作品である。不動明王の彫物があることから、不動正宗の号が付けられた。

この作品に関しては、ほかの日本刀のような逸話があるわけではないが、「名刀・美刀」を紹介する本章に、正宗の作は不可欠である。

重要文化財に指定され、愛知県の徳川美術館が所蔵している。

薩摩の名匠の失敗作

笹貫◈ささぬき

平安時代後期の刀匠・波平行安《なみのひらゆきやす》の作。波平は、薩摩《さつま》国（鹿児島県西部）の刀工集団名で、当時の武将たちに「薩摩国に波平あり」とまでいわしめた。

ある日、波平行安は、めったに見られない名刀を作ろうと思いたち、家族に「何があっても決して入ったりのぞいてはいけない」と言いつけて、鍛冶場《かじば》にこもった。

数日が経ち、鉄を打つ音が聞こえてこなくなったため、心配した妻は鍛冶場をのぞいてしまう。行安は最後の仕上げをしているところだった。集中力が途切れ、失敗したと思い、あと一歩で完成するはずだったその太刀を、裏の竹やぶに捨ててしまった。

しばらくすると、その竹やぶで何かが光っているという噂が流れる。村人が確かめに行くと、一振りの太刀が埋まっていた。茎が地中に埋まり、直立した状態の刀身には、舞い落ちた笹の葉が無数に貫かれていた。失敗したと思い、行安が捨てた太刀である。これが、「笹貫」と呼ばれるようになった所以《ゆえん》である。

現在は、重要文化財に指定され、京都国立博物館が所蔵している。

斬れ味だけの不器用な名刀

同田貫◆どうたぬき

肥《ひ》後《ご》国（熊本県）の刀匠集団・同田貫の太刀は、質素で飾り気がなく、武骨で田舎くさい。鑑賞価値に乏しく、「折れず曲がらず同田貫」の〝キャッチコピー〟で謳《うた》われるほどに、実戦重視の作刀である。

なかでも有名なのが、「正國《まさくに》」。朝鮮の役での働きが評価され、加藤清正から一字を賜ったという銘を切る太刀である。実用一辺倒のこの太刀と、武道一直線の清正には、通じるところが多い。

同田貫の名を広く世に知らしめたのは、明治一九年（１８８６）に行われた天覧《てんらん》兜《かぶと》割《わ》りだ。当時の有名剣術家らが集まる中、同田貫を携えて兜割りに挑んだのは、榊原鍵吉《さかきばらけんきち》。廃刀令による剣術の受難期に、見世物興行を催してそのピンチを救った立役者である。

挑戦者が次々と失敗する中、鍵吉はみごと南蛮鉄の兜に斬り込みを入れ、剣豪としての名声を高めると同時に、同田貫の斬れ味を証明した。

「九州肥後同田貫藤原正國」の銘が切られた太刀は、現在、熊本県指定有形文化財に指定され、熊本市の本妙寺が所蔵している。

ちなみにこの同田貫、映画やテレビドラマでも人気を博した『子連れ狼』の主人公・拝一刀《おがみいっとう》の愛刀としても有名である。

龍の彫り物が睨みをきかす

小龍景光◆こりゅうかげみつ

作者・景光は、備前長船派《びぜんおさふね》のなかでも美しい日本刀を作る刀工として有名だが、この小龍景光は、景光のなかでも随一の作と称される。後醍醐《ごだいご》天皇による建武の新政の立役者として足利尊氏らと共に活躍した武将・楠木正成《くすのきまさしげ》の愛刀だったことから「楠公《なんこう》景光」とも呼ばれる。その正成は、延元元年（1336）の湊川《みなとがわ》の合戦で戦死し、小龍景光も行方不明となった。

主を失った小龍景光は、その後いかなる遍歴を辿《たど》ったのか。

時は下って戦国時代、豊臣秀吉の手に渡り、次いで徳川家康に贈られた。名刀は名将の間を渡り歩くというが、小龍景光も、ようやく落ち着く場所に辿り着いたと思われた。

ところがどういうわけか、幕末になって、小龍景光が大坂河内《かわち》の農家から発見された。徳川将軍家にあるはずの刀がなぜ、こんなところにあったのか。

さっそく鑑定家・本阿弥《ほんあみ》家に鑑定を願い出ると、あっさりこれを偽物であると鑑定した。強欲な刀剣商が、楠木正成の名を借りて刀に箔《はく》を付け、高く売りさばこうとしたのだろうともいわれているが、真実はわかっていない。本物の小龍景光はというと、これもまたどういう経緯をたどったのか、試し斬りの山田浅右衛門《あさえもん》が所有しており、そこから東京府知事・大久保一翁《いちおう》へ、そして皇室へと献上された。

現在は、国宝に指定され、東京国立博物館に所蔵されている。

聖徳太子が奉納した
丙子椒林剣 ◈へいししょうりんけん

大阪府の四天王寺が所蔵し、東京国立博物館に寄託された、七世紀の直刀。聖徳太子の佩刀《はいとう》といわれ、国宝に指定されている。

「丙子椒林剣」が同寺に奉納されるに至った逸話を紹介しよう。

仏教は、欽明《きんめい》天皇の時代（六世紀）に、百済《くだら》から経文と仏像が贈られたことをもって日本に伝来したとされるが、それ以来、仏教肯定派の蘇我《そが》氏と仏教否定派の物部《もののべ》氏は、ことごとく対立してきた。

敏達《びだつ》天皇の葬儀での出来事である。蘇我馬子《うまこ》が大きな刀を佩用《はいよう》して弔辞《ちょうじ》を読んだ。それを見た物部守屋《もりや》は「まるで大きな矢が刺さった雀のようだ」と笑った。そのあとに弔辞を読んだ物部守屋だが、緊張のためか手足が震えている。今度はそれを見た馬子が「その手足に鈴をつけたら、チャラチャラ鳴ってさぞかし面白いことだろう」と笑った。

こんなことをくり返しながら、両者の関係は日増しに悪化した。そしてついに、用明《ようめい》天皇亡き後の皇位継承問題から、両者の対立は激化した。

劣勢の蘇我氏に付いていた若き聖徳太子は、四天王の像を彫り、

「この戦に勝たせてくれたら、必ず寺塔を創建し、四天王を祀ります」

と祈った。その効果があったのか、たちまち形勢は逆転した。約束どおり聖徳太子は四天王寺を創建し、四天王を安置するとともに、「丙子椒林剣」を奉納したという話である。

キラリ星座が光る
七星剣◈しちせいけん

丙子椒林剣と共に四天王寺に奉納された、もう一振りの剣がある。同じく聖徳太

子の佩刀「七星剣」だ。七星剣は、中国より伝来した星宿《せいしゅく》（星座）信仰を象徴する紋様が施された剣を総称してそう呼んでいる。

聖徳太子が四天王寺に奉納したもの、法隆寺金堂の持国天《じこくてん》の像に持たせていたもの、稲荷山古墳から出土したものなど多数存在する。

いずれも、はるか昔の華やかな異国文化を思わせる名刀である。

琉球が誇る三振りの名刀
千代金丸・治金丸・北谷菜切

中世の琉球王朝に伝わる三振りの宝剣「千代金丸《ちよがねまる》」「治金丸《ちがねまる》」「北谷菜切《ちゃたんなーちりー》」には、それぞれ伝説が語られている。

「千代金丸」は、北山の王・攀安知《はんあんち》の愛刀だった。

武術に優れた攀安知だったが、戦略家の中山王と、裏切り者の家臣によって、窮地に立たされた。自害して果てた妻と子に続き、自身も自害しようとするが、主《あるじ》を守ろうとしたのだろうか、千代金丸の刃が鈍り、腹を斬ることができない。近くの川へその刀を投げ込み、別の小刀で自害した。川に投げ込まれた刀は、のちに拾い上げられ中山王に献上された。

「治金丸」は、宮古島の豪族から尚真王《しょうしんおう》に献上された宝剣である。王の守刀として治金丸と名付けられ、京の都の研ぎ師に預けられた。するとどうしたことか、京都から戻ってきた治金丸は、偽物とすり替えられていたのである。京都の研ぎ師のしわざであった。すぐさま、本物の治金丸を取り返してくるよう命じ、京都に使いの者を送った。治金丸が尚真王の元に戻ってくるまでには、三年の月日を要したという。

「北谷菜切」は、もともと北谷《ちゃたん》に住む農民の包丁だった。

ある日、北谷の農民がつまみ食いをする子供を戒めようと、包丁を振る仕種をした。すると、触れてもいない子供の首が、ストンと落ちた。農民は、調べにきた役人に事情を話し、試しに牛に向かって包丁を振ると、同じように首が落ちた。農民は罪を問われずにすんだという。包丁は首里城に届けられ、王はこれを刀に打ち直させて、宝刀とした。

いずれの三振りとも、国宝に指定され、那覇市歴史博物館に所蔵されている。

第3章

武将の愛刀

古代の武人も戦国大名も幕末の志士も、サムライは皆、刀を愛した。
彼らはいったい、どんな日本刀と人生を共にしたのか。
そして刀たちは、どんな運命をたどっていったのだろう…。

坂上田村麻呂……豪壮な武人にふさわしい

黒漆大刀◆くろうるしのたち

坂上田村麻呂《さかのうえのたむらまろ》は、平安時代の武官で、蝦夷征討《えぞせいとう》の際の征夷大将軍《せいいたいしょうぐん》として知られるが、武力一辺倒の人物ではなかった。蝦夷征討については、「武力で一時的に治めることはできるだろう。しかし、しばらくすると再び反乱は起きる。蝦夷の民衆の文化や生活を、我々と同じくしていくことが大切である」と進言し、実際、蝦夷の民衆に優しく接し、とらえた二人の首領の処刑を最後まで反対したともいわれる。

田村麻呂の佩刀《はいとう》「黒漆大刀」は、堅牢《けんろう》で強固、豪壮な武人が持つにふさわしい刀である。刀身に反りのない直刀《ちょくとう》で、古墳時代から続く古い姿をしている。「たち」とはいうが、反りのある「太刀」ではないことは、「黒漆大刀」の字を見ればわかるだろう。

田村麻呂の死後、黒漆大刀は天皇家に所蔵され、雷が鳴ると、ひとりでに鞘《さや》から抜けるとか、国に大事があるとカタカタと揺れるなどという噂が流れた。

現在は重要文化財に指定され、京都の鞍馬寺《くらまでら》が所蔵している。

藤原秀郷……将門を討った刀もこのタイプか

毛抜形太刀◆けぬきがたたち

本来ならここで「平将門《まさかど》」の愛刀を紹介したいところだったが、残念なことに、将門の愛刀といわれるものは残っていない。反りのある最初の日本刀を作らせ、所領から産出される馬を駆使して騎馬隊を編成したなどとは伝えられるが、いったいどのような刀を使っていたのだろうか。

それを知る手がかりとなるのが、藤原秀郷《ひでさと》の「毛抜形太刀」である。

藤原秀郷は、「新皇《しんのう》」を名乗り朝敵となった将門を討伐し、乱を平定した武将である。その秀郷の愛刀が、三重県伊勢市の神宮徴古館《ちようこかん》にある。

直刀から反りのある太刀に移行する過渡期の形態で、鐔元《つばもと》だけが湾曲し、茎《なかご》がそのまま柄《つか》となっている。茎には貴人の使う毛抜に似た透かし彫りが施されており、それがこの名の由来である。

この毛抜形太刀を振るった秀郷と同じ時代を生きた平将門。彼もまた、同じような太刀を使っていたのだろうかと、想像するしかない。

源頼朝……源氏の勝利を導いた

髭切◆ひげきり

鎌倉幕府を開いた源頼朝《よりとも》。これほどの名将ともなれば、所持する名刀も多かったことだろう。

ここではその中の一つ「髭切」を紹介しよう。

髭切は、もともとは平安時代中期、源満仲《みつなか》の代に作られた太刀で、陸奥《むつ》国（東北地方）の刀匠が作ったとか、筑前《ちくぜん》国（福岡県北西部）に住む異国人の刀鍛冶《かじ》が作ったなどといわれている。また、現在この太刀を所蔵する北野天満宮（京都府）によれば、当初は「安綱」と刻銘してあった、つまり、伯耆《ほうき》国（鳥取県西部）の刀匠・大原安綱《やすつな》の作と見られるが、後代に安の字に字画を加えて「國綱」にされたとする説もあり、謎が多い。

源氏重代の太刀として大切にされてきたこの髭切は、たびたび名前を変えたことでも有名である。

まずは、罪人の死体を使って試し斬りをした際、髭まで斬れたことから、この名が付けられた。

そして、満仲の子・頼光《よりみつ》の代のこと。

ある日、頼光は家臣・渡辺綱《つな》を使いに出した。すでに日も暮れかかっていたため、綱には馬と髭切を貸し与えた。その夜、綱が京都の一条橋にさしかかったところで、若い女性が声をかけてきた。

「夜道が怖いので、五条まで送ってください」

快く引き受けた綱は、女を馬に乗せて走りだす。すると突然、女はその姿を鬼に変え、襲いかかってきた。綱の髪をつかんで飛び立とうとしたそのとき、綱はとっさに太刀を振るい、鬼の腕を切り落とした。片腕を失った鬼は、棲家である愛宕山《あたごやま》に逃げ帰っていった。

このときの太刀が、頼光より借り受けた髭切で、この出来事ののち、「鬼切」に名前を変えたといわれている。

その後、為義《ためよし》の代には、獅子の泣くような声で吼《ほ》えたことから「獅子の子」と呼ばれるようになる。

また、ある日のこと、獅子の子と「小烏《こがらす》」という刀を並べ、鞘《さや》から抜いて立てかけていた。すると、触れてもいないのに、突然もつれるように倒れ、見ると、小烏が二分（約6㎜）ほど斬られている。

そもそも小烏は、獅子の子（髭切）と同時に作られた兄弟刀「膝丸《ひざまる》」（次項参照）の、代理刀（娘婿に授けた膝丸の代わりに用意したもの）。まるで〝同士討ち〟のようだということで、「友切《ともきり》」と呼ぶようになった。

義朝《よしとも》の代になると、源氏の敗戦が続く。すると、義朝が信仰する八幡大菩薩《はちまんだいぼさつ》に祈願に行くと、

「『友切』という名が縁起悪い」

と、お告げを受けた。それに従って、もともとの名「髭切」に戻すと、源氏は勢いを取り戻した。

義朝が死ぬと、髭切は息子・頼朝に受け継がれ、源平合戦を勝利に導いたとされている。

日本刀には鬼切伝説が多く残っており、ここで紹介したエピソードが、本当に、現在北野天満宮に所蔵される太刀についてのものなのかどうか。異説もさまざまあるのも事実だが、一〇〇〇年以上もの時を越え、今なお輝き続ける太刀の尊さに、敬意を表したい。

第3章　武将の愛刀

源義経……不思議な縁で結ばれた兄弟刀

薄緑◆うすみどり

前項で、「髭切」の兄弟刀として「膝丸」の名を挙げた。この膝丸もまた、次々と名前を変えている。

まずは、試し斬りの際、膝まで斬れたことから「膝丸」。そして、源頼光《よりみつ》が、己を熱病に苦しめた土蜘蛛《つちぐも》を切ったことから「蜘蛛切《くもきり》」。為義《ためよし》の代には、夜になると蛇の鳴くような声で吼《ほ》えたことから「吼丸《ほえまる》」に。

その後、為義の娘婿がこれをもらい受けたが、

「これは源氏の宝刀であり、うちにあるべきものではない」

と考え、源氏の血筋をもつ人物に譲った。

そして、その人物から吼丸を譲り受けたのが、源義経《よしつね》である。義経はたいそう喜び、熊野の春の山にちなんで「薄緑《うすみどり》」という名に改めた。

髭切を持つ頼朝、薄緑を持つ義経によって源平合戦に勝利したのち、義経は兄である頼朝に追われることとなる。そして、義経の死後、薄緑は頼朝の手に渡った。皮肉にも、そこでかつての兄弟刀が一つの場所に戻ることとなった。

現在、薄緑の所在は不明である。

今剣《いまのつるぎ》◆源義経……主の最期を見守った

馬術に優れ、一ノ谷の戦いでの鵯越《ひよどりごえ》、壇ノ浦の戦いでの八艘《はっそう》飛びなど、常人離れした武勇伝を残し、そして散った源義経。兄・頼朝と共に戦い、兄・頼朝に追われる身となった悲劇の武将である。

その義経が、最期の自刃に使ったとされるのが、短刀「今剣」だ。

作者は、平安時代、山城国《やましろ》（京都府南部）三条《さんじょう》に住んでいた三条宗近《むねちか》。もともとは、祈願のために鞍馬寺《くらまでら》を訪れた宗近が奉納していったもので、六尺五寸（約197㎝）の大太刀だった。

その後、幼少の義経を養育してきた鞍馬寺の別当・東光坊蓮忍《とうこうぼうれんにん》が今剣と命名し、「守り刀」として義経に与えたとされるが、伝えられている今剣は短刀である。幼少のころ、もしくは武芸の稽古をしていた青年のころに、義経があやまって折ってしまったという説もあるが、今剣は現存せず、調べようもない。

文治五年（1189）、義経が隠れ住んでいた衣川《ころもがわ》の館は、頼朝側の人間が差し向けた平泉の兵たちに囲まれた。古参の忠臣は果敢に応戦したが、義経は一切戦うことをせず、御堂にこもり、妻と子を殺害したあと、自刃《じじん》した。源平擾乱《じょうらん》の世に華々しく活躍した義経は、幼き日に授かった小さな名刀・今剣によって、波瀾万丈の人生の幕をおろしたのだった。

弁慶……この荒法師にしか操れない

岩融◆いわとおし

衣川の館の戦いでは、義経ともう一人、日本史の英傑《えいけつ》が亡くなっている。その名は武蔵坊弁慶《むさしぼうべんけい》。義経に仕える怪力無双の荒法師だ。

弁慶と義経との出会いは、京都五条大橋。京の都で悪行を働く弁慶は、一〇〇〇本の刀を集めようと目論《もくろ》んでいた。武芸者などを襲って九九九本を奪い取り、あと一本というところで牛若《うしわか》(のちの義経)と出会う。

巨大な薙刀《なぎなた》を振るう弁慶。それをヒラリヒラリとかわす牛若。橋の欄干《らんかん》にひょいと跳び乗り、隙《すき》をついては弁慶の頭を扇でポンと叩《たた》く。ついに力尽きた弁慶は、土下座をして許しを請うた。

以来、弁慶と義経は生死を共にすることになる。

衣川の館の戦いでは、義経を守るために得意の大薙刀を振るって応戦したが、無数の矢を受けて、仁王立ちのまま絶命したと伝えられている。

そんな弁慶の愛刀が、「岩融」と呼ばれる薙刀だ。刃の部分だけでも三尺五寸（約106㎝）あり、常人が扱うには難しい大きさだとされる。現存していないため詳細は不明だが、名前のとおり、岩をも突き通すほどの業物《わざもの》だっただろうことは、想像に難くない。

新田義貞……神をも味方につけた剣

海神に捧げた剣

鎌倉倒幕を計画して隠岐《おき》に流された後醍醐《ごだいご》天皇が再び挙兵するのに応じた倒幕の立役者とされるのが、新田義貞《よしさだ》である。

義貞率いる討幕軍は、鎌倉攻めの際、海岸沿いからの攻撃を計画したが、満ちた潮により、行く手を阻まれた。そこで義貞は、稲村ヶ崎《いなむらがさき》の海岸で、海の神に剣を捧げた。するとみるみる潮が引き、鎌倉へと続く道が現れたという。

ところがこれには裏がある。

義貞は、潮が引く日時を計算したうえで、剣を奉納して祈りを捧げた。あたかも神の意思で鎌倉への道が開かれたかのように演出し、軍の士気を鼓舞したという。いずれにせよ、これにより義貞は、執権・北条氏を滅ぼすことができたというが、海の神に奉納された剣の詳細、行方は、残念ながら不明である。

足利尊氏……数々の権力者の手を渡った名刀

骨喰藤四郎◆ほねばみとうしろう

新田義貞と同じく討幕軍についた足利尊氏《たかうじ》だったが、天皇・貴族を中心とし、倒幕の立役者ともいえる武士を軽んじた建武の親政に不満を抱くようになる。鎌倉で兵を集め、後醍醐天皇を討つために京都に攻め入った。苦戦を強いられる中、尊氏の助けとなったのが、豊後《ぶんご》国（大分県）の守護・大友貞宗《さだむね》だった。

尊氏の愛刀「骨喰藤四郎」は、当時、この大友氏から献上されたものである。

京都で活躍した粟田口《あわたぐち》一門を代表する刀匠・粟田口吉光《よしみつ》の鍛えた薙刀《なぎなた》で、のちに磨《す》り上げられて太刀に姿を変えている。

「骨喰」とは、斬るふりをしただけで骨まで砕けてしまうという意味で、斬れ味の鋭い剛刀に付けられた異名である。

源頼朝から大友貞宗へ、そして尊氏に献上され、以来、足利家の重宝として伝えられてきたが、一三代将軍・足利義輝《よしてる》が暗殺された際、襲撃に加わっていた松永久《ひさ》秀《ひで》の手に渡る。

その後、再び大友家に三〇〇〇両で買い戻され、豊臣秀吉へ、そして徳川家へと渡り歩くこととなった。

現在は、重要文化財に指定され、京都国立博物館に寄託されている。

北条早雲……和睦の証しとなった太刀

日光一文字◈にっこういちもんじ

「日光一文字」は、鎌倉時代に興った刀匠集団「福岡一文字派」の太刀。「道誉《どうよ》一文字」と並び、一文字中の最高傑作の呼び名が高い。

日光二荒山《ふたらさん》に奉納されていた太刀を、戦国大名の先駆けであった北条早雲《そううん》が譲り受けたことから、この名が付いた。現在、国宝に指定されるほどの名刀である。

豊臣秀吉の小田原（北条）攻めの際、黒田官兵衛が秀吉と北条氏との和睦《わぼく》を図り、そのお礼として、官兵衛がもらい受けた。

ちなみに、官兵衛が和睦交渉の際、北条氏に献上したお土産は、酒二樽と、ホウボウの粕漬け一〇枚だったそうだ。

毛利元就……厳島神社に野心を誓う

福岡一文字《ふくおかいちもんじ》◆

続けて、「福岡一文字派」による太刀の登場だが、前項の「日光一文字」とは別物である。こちらは、中国地方最大の戦国大名・毛利元就《もとなり》の愛刀だ。

元就の前半生は不遇だった。幼くして両親を亡くし、重臣だった井上元盛《もともり》に領地を奪われ、苦しい生活を余儀なくされる。家督を継いだ兄も若くして病死し、二七歳で毛利家の当主となった。それからは、あらゆる知略を使い、勢力を拡大、中国地方のほぼ全域を支配下に置くことになる。

時を、元服《げんぷく》前の元就にまで戻そう。若き元就が、家臣と共に安芸国《あき》（広島県西部）の厳島《いつくしま》神社を参拝に訪れたときのことである。家臣が、「いつの日か元就様が安芸国の主になれるように」と祈願すると、元就は、

「天下の主を目指してこそ、初めて一国の主となれる。初めから一国しか望まぬ者は、一国さえその手中に入れることはできない」

と、家臣を諭したという。元就の野心家ぶりを表す逸話である。

のちに元就は、愛刀「福岡一文字」をこの厳島神社に奉納し、今も大切に保管さ

れている。

斎藤道三……竹竿一本からの下克上

槍◆やり

戦国大名・斎藤道三《どうさん》は、自分をとりたててくれた人物を毒殺して家を乗っ取ったり、主君を追い出すことで勢力を広げた〝下克上の梟雄《きょうゆう》〟として知られ、そのあまりにえげつないやり方から、「美濃《みの》の蝮《まむし》」と呼ばれた。

その一方で、美濃国（岐阜県南部）でも屈指の槍《やり》の使い手としても知られている。

若いころに各地を放浪し、幾多の合戦を見てきた中で学んだのは、槍の有用性だった。当時、合戦でもっとも多くの兵を殺傷したのは弓矢だといわれるが、遠くから射た矢で大将を倒したのでは、首級《しゅきゅう》が取れない。その点、槍は、遠距離から敵を突き、薙《な》ぎ払い、倒したその場で懐の刀を使って首を取ることができる。

それに気付いた道三は、槍の猛稽古を始めた。

まずは、3mはあろうかと思われる竹竿《たけざお》の先に太い針を縛りつけ、稽古用の〝槍〟を作った。そして、糸で結んだ一文銭を軒先から吊り下げて左右に揺らし、一文銭の四角い穴めがけて槍を突く。来る日も来る日も朝から晩までこの稽古を続け、や

がて道三の槍は、百発百中で一文銭の穴を突き抜くようになった。戦場に出れば敵の死体が道三の前に山を成し、この武勲によって、世に名を知らしめることにつながったともいわれている。

また道三は、自分の槍をとても大切に扱っていた。長さのある槍は、軒下に置いておくのが普通だったが、湿気で腐ったり錆《さ》びたりしないよう、節《ふし》をくり貫いた竹に入れ、布袋に包んでから軒下で保管していた。この話を聞いた領主は、道三の心掛けをたいそう褒め讃えたという。

美濃の蝮と呼ばれる男の、もう一つの顔を伝える逸話である。

上杉謙信……謙信から佐竹家へと渡ったその後

典厩割国宗◆てんきゅうわりくにむね

この太刀は、川中島の戦いで武田信玄の実弟であり武田の副将・典厩信繁《てんきゅうのぶしげ》を討ったとされる、上杉謙信の愛刀だったが、のちに、常陸国《ひたち》（茨城県）の戦国大名で、謙信と共に小田《おだ》城の戦いで小田氏治《うじはる》を破った佐竹義重《よししげ》の手に渡る。

義重と親交のあった謙信は、義重が初陣で武功を立てたことに大変喜び、「これからも、わが軍の助けとなってほしい。これは老後の杖《つえ》代わりにするつもりでいたものだが、わが魂と思い、ぜひ受け取ってもらいたい」

と、一振りの太刀を与えた。これが、備前国《びぜん》（岡山県南東部）の刀匠・三郎国宗作・典厩割国宗だった。義重は大いに喜び、佐竹家の宝として大切にした。

その後、佐竹家では代が替わり、典厩割国宗は当主となった長男・義宣《よしのぶ》に渡った。

しばらくたったある日のこと、義宣の脇差に目をとめた義重は、

「見慣れぬ脇差。それはどうしたのだ」

とたずねた。義宣は、

「これは、父上にいただいた典厩割国宗ですよ。長すぎて使いにくいので、磨《す》り上げて脇差にしました」

と、何食わぬ顔で答えた。見れば、なんと鋒《きつさき》が切られている。

「磨り上げる」とは、自分の身長に合わせるため、また、太刀を刀や脇差に変えるために短くすることをいうが、このときに、鋒を切るのは絶対のタブーである。鋒を切れば「帽子《ぼうし》」がなくなる。帽子とは鋒部分の焼刃のことで、帽子がなくなるということは、鋒の焼刃がなくなるということ。これは、日本刀にとっては致命的である。

義重は、日本刀の魂が失われてしまったと、たいそう悲しんだといわれている。

織田信長……信長お気に入り三品の一つ

不動行光◆ふどうゆきみつ

「不動行光、九十九髪《つくもがみ》、人には五郎左御座候《ごろうざござそうろう》」

宴席でご機嫌になった信長は、膝をたたきながらよくこんな歌を唄ったという。「九十九髪」は足利義満《よしみつ》から続く唐物《からもの》の名器・九十九髪茄子茶入《なすのちゃいれ》、「五郎左」は信長の小姓上がりの重臣・丹羽五郎左衛門長秀《にわごろうざえもんながひで》、そして、相模国《さがみ》（神奈川県）の刀匠・藤《とう》三郎行光《さぶろうゆきみつ》による短刀「不動行光」。信長自慢の宝である。

ある日信長は、戯《たわむ》れに小姓たちを集めていった。

「この刀の鞘《さや》の刻み目の数を当ててみよ。みごと言い当てた者には、褒美《ほうび》として不動行光をやろう」

ざわめき立つ小姓の中で、ただ一人、森蘭丸《らんまる》だけは口を開かなかった。

「どうした。蘭丸」

とたずねると、

「私はいつも信長さまが厠《かわや》に立つときにこの刀を預かっておりますゆえ、鞘の刻み目の数を知っています。知っているのに答えるのは不公平にございます」

と答えた。蘭丸の正直さに感心し、信長は、大切にしていた不動行光を与えたという。

豊臣秀吉……己の権威を象徴する名刀

一期一振《いちごひとふり》

豊臣秀吉は、無類の名刀収集家だった。しかし、剣術・武勇に秀でていたわけではない。知略と政治力が秀吉の武器だった。本能寺で倒れた織田信長の後を受け継ぎ、天下統一を成し遂げた秀吉のもとには数々の名刀が献上されたが、秀吉はこれらを人斬りの道具として珍重したのではなく、〝権威の象徴〟と考えていた。

しかし、秀吉が収集した日本刀の多くは、大坂城の落城とともに焼けてしまった。徳川家康はこれを惜しみ、焼身《やけみ》（熱を受けて刃文がなくなってしまった状態）となった名刀を集め、再刃《さいば》（再び焼き入れして刃文を付け直す）した。再び命を与えられた名刀たちは、こうして徳川家に伝わり、御物《ぎょぶつ》や国宝、重要文化財となっている。

古今の名刀を集めた秀吉が特に愛蔵したのが、「一期一振」の異名を持つ「吉光《よしみつ》」だ。鎌倉時代初期に活躍した山城国《やましろ》（京都府南部）の刀匠・粟田口藤四郎《あわたぐちとうしろう》吉光の太刀である。吉光は短刀製作の名手であり、この一期一振だけが、世に出たただ一振りの太刀ということで、この名が付けられた。とはいえ、本当に一振りしか作らなかったわけではなく、吉光作の最高峰の太刀とみなされ、この異名が付けられたといわれている。

刃長《じんちょう》は二尺二寸七分（約68・8㎝）と短いが、これは、秀吉が小柄な体格に合わせて磨り上げたためで、もともとは二尺八寸三分（約85・7㎝）あったとされる。これほどの名刀をあえて短くし、扱いやすくするとは、武芸とは縁の薄い秀吉にしてみれば不思議な話であるが、自分の権威を象徴する名刀だからこそ、自分の身の丈に合ったものを佩用《はいよう》し、堂々たる風格を見せつけたかったのだろうか。

現在は、御物として宮内庁に保管されている。

石田三成……はるか昔の斬撃に耐えた証し

石田切込正宗

◆いしだきりこみまさむね

日本刀を鍛錬《たんれん》する過程において、除ききれなかった不純物や、ちょっとしたミスが、疵《きず》となって現れることがある。致命的なのは、焼刃《やきば》に入った亀裂で、ここから折れる恐れがある。刃や地《じ》に現れるシワのような疵は、そこから曲がる可能性がある。鍛錬中に空気が入り、抜けきらずに水ぶくれのように残ってしまったものは美観をそこなう。

こうした疵は、日本刀の美術品としての価値を下げる要素となるが、疵であって疵とされないものもある。「矢疵《やきず》」と「切込疵《きりこみきず》」である。これらは斬撃に耐えた戦歴を物語る記念すべき疵であり、武人にも、現代の愛刀家にも、尊重・珍重されている。

この切込疵にちなんでのちに異名を付けられたのが、「石田切込正宗」。58ページでも簡単に紹介したが、相州の名工・正宗の作である。物打《ものうち》（物を斬る力点にあたる、12㎝ぐらいの部分）と鐔《つば》に近い部分の二か所に切込疵がある。豊臣政権における五奉行の一人・石田三成の愛刀だったが、この疵は、三成のもとに渡るよりもはるか以前に、どこかの戦場で受けたものであろう。

秀吉没後、加藤清正《きよまさ》や福島正則《まさのり》ら、秀吉子飼いの七将に襲撃された三成は、徳川家康に助けを求めた。そして、保護してもらう代わりに五奉行を辞職して、領地の近江佐和山《おうみさわやま》に帰ることになった。このとき、佐和山までの道を警護して付き添ったのが、結城秀康《ゆうきひでやす》。家康の次男として生まれ、秀吉の養子となった人物である。

秀康の厚意に応え、三成は愛刀正宗（石田切込正宗）を、秀康に贈ったという。現在は、重要文化財に指定され、東京国立博物館が所蔵している。

伊達政宗……見栄から生まれた曰く付きの脇差

振分髪◆ふりわけがみ

江戸時代、諸大名がこぞって「正宗」を求めた時期があった。「正宗を持たぬは大名とは言えぬ」。それほどの人気ぶりだった。そのころの話である。

ある日、江戸城内で、伊達政宗《まさむね》と数人の大名たちが集まって話をしていた。〝刀自慢〟でもしていたのだろうか。その中の一人が、

「政宗殿の脇差ともなれば、当然名工正宗のものでござろうな」

といった。政宗は、

「いかにも相州正宗でござる」

と答えたが、じつはこれ、真っ赤な嘘だった。しかし、言ったからには何としてでも正宗の脇差を差さなければならない。屋敷に戻った政宗は、刀奉行に命じて屋敷中の脇差を調べさせたが、正宗の脇差は見つからなかった。やむを得ず政宗は、正宗の太刀を磨り上げて脇差にした。政宗はこの脇差を「振分髪」と名付け、以来、これを差して登城したそうである。

「振分髪」とは『伊勢物語』の中の、

「くらべ来し　振分髪も　肩すぎぬ　君ならずして　たれかあぐべき」という歌に由来する。「幼いころあなたと比べあった振分髪（子供の髪）は肩から下に垂れるほど長くなりました。あなた以外ほかの誰が、この私の髪を結い上げてくれるでしょうか」という意味だが、「自分以外ほかの誰が、正宗ほどの名刀を磨り上げて脇差にするなどできようか」という気持ちを込めて名付けたといわれる。

ところが、これにはとんだオチがあった。

政宗の死後、この脇差を調べてみると、正宗でもなんでもない、同時代に作られた新刀であることが判明したのだ。はたして政宗は、それを知っていたのか、知らなかったのか……。

ソハヤノツルキ

徳川家康……謎多き無銘の名刀

静岡県静岡市の久能山《くのうさん》東照宮に、奇妙な名前の一振りの太刀がある。その名も「ソハヤノツルキ　ウツスナリ」。筑後《ちくご》国（福岡県南西部）の刀匠・三池光世《みいけみつよ》の作といわれているが、銘に刀匠の名前はない。

古来、ソハヤノツルキは謎の剣といわれている。茎《なかご》の表には「妙純傳持《みょうじゅんでんじ》ソハヤノツルキ」、裏には「ウツスナリ」と入っているが、それらの意味するところが解明されていないのだ。

・坂上田村麻呂の佩刀《はいとう》であった「楚葉矢《そはや》の剣（坂上宝《さかのうえのほう》）」の写しであるという説。

・美濃国（岐阜県南部）の守護代・斎藤利国《としくに》の法名が妙純だったことから、その持ち主であったという説。

・名古屋の熱田神宮にある「ソハエの剣」と関係があるという説。

・もともと「ソハカ（ソワカ）」だったものを「ソハヤ」とうつし間違えたという説。（ソワカとは、密教で呪文の最後に唱える言葉で、「幸あれ」「祝福あれ」といった意味）。

——など、さまざまな説がある。

いずれにしても、所持者であった徳川家康が、このソハヤノツルキを特別な太刀であると見ていたのは確かである。家康は、死の直前に、「ソハヤノツルキは久能山東照宮に奉納し、西国に鋒《きつさき》を向けておくように」と言い残している。これは、大坂の豊臣秀頼《ひでより》方の残党武将を封じるためのまじないのようなものであり、それだけ霊験《れいげん》あらたかな名刀だったということだ。

真田幸村……徳川家を呪う妖刀

千子村正◆せんじむらまさ

「千子村正」とは、伊勢国《いせ》（三重県）の刀匠・村正一門の初代で、千手観音に祈願して生まれた子という意味から、こう名乗るようになったといわれる。

村正は、190ページで紹介するが、徳川家に災いをもたらす妖刀として有名である。そのため、徳川家呪詛《じゅそ》用の刀として、この村正を愛用した人たちがいた。大坂の陣で徳川勢を窮地に陥れ、反徳川の象徴といわれる真田幸村《さなだゆきむら》も、その一人である。また、徳川政権に謀反《むほん》の疑いで処刑された由井正雪《ゆいしょうせつ》も村正を所持していた。さらに、幕末期の倒幕派志士たちも好んで村正を求めたといわれている。しかし皮肉なことに、これらの村正所持者たちは、そのほとんどが非業の死を遂げている。

直江兼続……義を貫いた男の愛刀とは

備前長船兼光◆びぜんおさふねかねみつ

少年時代、上杉謙信《けんしん》から、

「天下を取ることなどは小事に過ぎず。それよりも〝義〟を貫いて生きることの方が大事」

と諭された直江兼続《なおえかねつぐ》は、謙信の死後、越後の命運を握ることになった上杉景勝《かげかつ》を支えながら、「義」を貫く生き方を志す。2009年に放送されたNHK大河ドラマ『天地人』を記憶している人は多いだろう。

兼続は、備前長船兼光《びぜんおさふねかねみつ》の太刀を好んで佩用《はいよう》していた。たとえば「水神切兼光《すいじんぎり》」。この太刀をかざして祈願したところ、洪水が治まったという言い伝えから、この名が付いたとされる。

また、「後家《ごけ》兼光」は、豊臣秀吉から兼続に拝領され、以来愛刀として使用していた。兼続の死後、後家（未亡人）となった妻おせんの方より上杉家へ献上されたため、「後家兼光」と呼ばれるようになった。

「愛」の文字の兜《かぶと》は有名だが、佩刀についてはあまり多くの資料は残っていない。

上杉景勝……本物と贋作を見分ける細工とは

竹股兼光《たけまたかねみつ》◆

「竹股兼光」は、もともと上杉謙信に仕えた勇将「上杉二十五将」の一人・竹股三河守頼綱《たけまたみかわのかみよりつな》の愛刀だった。頼綱は川中島の合戦にこれを持って出撃し、武田軍の兵士を鉄砲もろとも斬り伏せた。さすがの武田軍も、敵ながらこれには感嘆したという逸話をもつ名刀だ。

のちにこの竹股兼光は、頼綱より謙信に献上され、次いで景勝へと受け継がれた。あるとき景勝は、古くなった拵《こしらえ》を直すために、この名刀を京都の職人のもとに預けることにした。一年ほどたって直しが終了し、景勝のもとに返ってきた。その竹股兼光を、二代目竹股三河守が入念にチェックする。そして言った。

「殿、これは竹股兼光ではありませぬ」

聞けば、本物の兼光には、鎺《はばき》（茎《なかご》に装着する金具で、鞘《さや》の中で刀身を浮かせて固定するためのもの）より4・5㎝ほど上のところに、馬の毛が一本通るほどの細い穴があいているのだが、京都から戻ってきたこの竹股兼光にはその穴がないという。

調査の結果、京都の刀匠を中心に職人たちが集まり、かの名刀「竹股兼光」の贋《がん》作《さく》を作り出したことが判明した。京都の刀匠一味は捕らえられ、本物の兼光は、景勝のもとに返ってきた。さっそく、例の細い穴に馬の毛を通したところ、それはまぎれもなく本物の竹股兼光であることが証明された。

精緻《せいち》な細工に感動し、景勝は上杉家の宝刀として大切に保管したが、この名刀の噂を聞きつけた豊臣秀吉に所望され、泣く泣く献上したという。しかし、のちの大坂夏の陣で行方不明となり、今もその所在はわかっていない。

佐々木小次郎……なぜこの名前がつけられた?

物干し竿《ものほしざお》◆

佐々木小次郎と宮本武蔵は、天下一の剣豪を決するために、巌流島《がんりゅうじま》で対決した。この戦いで、小次郎は「物干し竿」と呼ばれる野太刀を使い、武蔵は船の櫂《かい》を削って作った木刀で戦った。小次郎は秘剣「燕返し《つばめがえ》」を駆使したが、ことごとくかわされ、武蔵の木刀による鋭い攻撃を受け、敗れ去った。

物干し竿は、備前長船長光《びぜんおさふねながみつ》が作ったとされるが、現存しないため、詳細は不明である。刃長《じんちょう》三尺余り（90㎝以上）の大太刀で、ここから物干し竿の異名が付けられた。ただ長いからというだけでなく、「長すぎて斬るのには向いていない」という意味を含んでいたとも考えられる。

小次郎は、その出自についても謎が多く、また、武蔵の著した『五輪書《ごりんのしょ》』にも小次郎の名は記されていない。歴史的資料も少なく、実は想像上の人物だったのではないかともいわれている。

ちなみに、小次郎の得意とした「燕返し」というのは、斬り下ろした刃を瞬時に返して斬り上げる技だそうだ。

宮本武蔵……小次郎相手にどんな刀で戦った?

櫂を削って作った木刀

宮本武蔵は佐々木小次郎を相手に、船の櫂を削って作った木刀を使用して、巌流島の戦いに挑んだ。これはいったいなぜなのだろうか。決戦の数日前、小次郎に、

「真剣によって雌雄を決しよう」

と申し入れされた武蔵は、

「貴公は白刃を振るってその妙技を尽くされよ。我は木刀をさげて秘術をあらわさん」

と答えた。木刀で真剣に応じるというのは、常識ではとても考えられない。しかし、このときすでに、武蔵は小次郎の「物干し竿」と「秘剣燕返し」に対抗するための秘策を編み出していた。その秘策を知る手がかりが、熊本県八代《やつしろ》市の松井文庫に保管されている。それは、巌流島の戦いのあとに、どのような木刀を使ったのかと聞かれた武蔵が、自ら樫《かし》の木を削って作ったとされる木刀である。

それは刀身約128㎝。小次郎の物干し竿よりも長かった。

第3章　武将の愛刀

小次郎の燕返しは、相手より長い刀を使い、敵の刀の届かない距離から攻撃する。武蔵は、それに対抗するために、さらに長い武器を用意したのである。しかも、素材が木であるため、とても軽い。128㎝もの真剣ならば、思いどおりに振るうことは難しかっただろう。

こうして、真剣に対して木刀で臨んだ武蔵が、勝利を手に入れたのである。

細川幽斎……雅な異名が付いたわけ
古今伝授の太刀◆こきんでんじゅのたち

国宝に指定され東京都文京区の永青《えいせい》文庫に収蔵されている「古今伝授の太刀」。作者は、鎌倉時代初期に豊後《ぶんご》国（大分県）で活躍した刀匠・行平《ゆきひら》である。

この太刀は、戦国武将でありながら、茶人、歌人としても名高く、「古今伝授」の継承者であった細川幽斎《ゆうさい》の愛刀だった。古今伝授とは、古今和歌集の解釈を中心に、その関連分野の学説を、師から弟子に秘伝として伝えたもので、関ヶ原の合戦当時は幽斎が唯一の継承者といわれていた。

幽斎は、慶長五年（1600）の関ヶ原の合戦で徳川方についたため、居城である京都の田辺城を、石田三成《みつなり》軍に包囲される。ここで幽斎が攻め滅ぼされ、古今伝授が途絶えてしまうことを心配した後陽成《ごようぜい》天皇は、「幽斎が死んだら古今和歌集の秘事を伝授するものが絶えてしまう。攻撃側は包囲を解き、幽斎も開城して命を長らえよ」と勅命を発し、幽斎の命は救われることとなった。

このとき使者として派遣されたのが、公卿《くぎょう》であり歌人・能書家の烏丸光広《からすまるみつひろ》だった。幽斎は光広に、古今伝授の奥義を伝えるとともに、愛刀豊後国行平を授けた。以来、この太刀は「古今伝授の太刀」という雅《みやび》な呼び名をもつことになったのである。

細川忠興……忠興の残忍性がうかがえる異名

歌仙兼定◆かせんかねさだ

前項で、細川幽斎が後陽成天皇の勅命によって田辺城を開城した際、幽斎の長男忠興《ただおき》は、「なぜ最後まで戦い抜かなかったのだ」と、父を厳しく批判した。また、関ヶ原の合戦で石田三成が挙兵したときには、忠興は妻ガラシャに「三成軍に捕らえられるくらいなら自害しろ」と命じ、妻はそれに従った。それ以前に、ガラシャや細川家の侍女たちがキリシタンに改宗したとき、忠興は激怒して侍女たちの鼻を削《そ》いだ。

細川忠興の苛烈《かれつ》な性格を表す逸話を挙げろといったら、きりがない。

そんな忠興の愛刀が「歌仙兼定」である。室町時代に美濃《みの》国（岐阜県南部）で活躍した刀匠・和泉守兼定《いずみのかみかねさだ》の作である。

残忍な忠興にしては、ずいぶん風流な号《ごう》だと思いきや……。

忠興が手打ちにした人数は生涯で三六人。それと、平安時代の和歌の名人「三十六歌仙」とかけて、愛用の刀に「歌仙兼定」と命名したという。風流のかけらもない残忍な号である。

近藤勇……本物か、偽物か

長曽祢虎徹◆ながそねこてつ

長曽祢虎徹（本名・長曾祢興里《おきさと》）は、江戸新刀の代表的な刀匠。初め越前《えちぜん》国（福井県北東部）などで甲冑師《かっちゅうし》として知られたが、のちに江戸に出て刀鍛冶になる。

鑑定士の間では「虎徹を見たら偽物と思え」などといわれるように、虎徹の日本刀は、本人が生存中から偽物が出回るほど人気が高く、偽物が多い。

「今宵の虎徹はよく斬れたわ」「今宵の虎徹は血に飢えている」

これは、江戸末期の武士で新選組の局長を務めた近藤勇《いさみ》の有名な決め台詞《ぜりふ》だが、実は近藤の虎徹も偽物だったという説が濃厚だ。

文久二年（1862）二月、幕府は勤王の志士を弾圧するため、関東の浪士を徴募した。翌三年（1863）の春になると、京都において志士の横行が激しくなったため、徴募の浪士を上洛させ、弾圧に当たらせることを決した。近藤も隊員の一人として京都に向かうことになった。

「京都ではきっと激しい戦いが始まるだろう」と思った近藤は、渡された支度金で虎徹を買うことに決め、さっそく刀屋を呼び出した。

「このたび公儀の御用で京都に参る。ついては、よく斬れる太刀が欲しい。虎徹ならば申し分ない。探して参れ」

刀屋は必死になって探したが、希代の名刀虎徹はそう簡単には見つからない。やむを得ず、当時人気が出始めた「源清麿《みなもときよまろ》」の太刀を持ち出し、その銘を削り取って「虎徹」と切り直した。近藤は、この偽の虎徹をそれとは気付かずに、たいそう得意気に佩用《はいよう》し、京に向かった。そのあとの近藤の活躍ぶりは、後世伝えられているとおりである。

あるとき近藤は、江戸に立ち帰ったおり、「刀屋を呼んで礼を言おう」と思い立ち、刀屋に使いを走らせた。近藤に呼び出された刀屋は、「細工がバレたか」と真っ青になる。

手討ちを覚悟に、妻子と水盃《みずさかずき》（二度と生きては会えないだろうというときに酌み交わす酒）を交わした。

そして、白帷子《しろかたびら》の死装束を身に着けて近藤のもとに出向くと、近藤は上機嫌で刀屋を出迎えた。そして、酒とご馳走で大いにもてなし、大枚の褒美まで授けて、〝偽虎徹〟を与えてくれたことに対する感謝を表したという。

池田屋事件のあと、近藤が養父に宛てた手紙の中に「下拙《げせつ》の刀は虎徹故《ゆえ》に哉《か》、無事に御座候《ござそうろう》」とあり、近藤は虎徹を本物だと信じていたことがうかがえる。

土方歳三……鬼の副長が好んだものは？

和泉守兼定◆いずみのかみかねさだ

細川忠興の「歌仙兼定」の作者である和泉守兼定は、二代兼定とされるが、新選組副長・土方歳三《ひじかたとしぞう》の愛刀は、同じ和泉守兼定でも、幕末、会津藩に仕えた一一代兼定の作とするのが通説となっている。

豪農出身の土方は、浪士組に参加するまでは帯刀が許されていなかった。そのため日本刀に対しては並々ならぬ執着をもっていたといわれ、実際、愛刀・和泉守兼定は最高の斬れ味を証明する「最上大業物《おおわざもの》」にランク付けされている。

土方は、天然理心流《てんねんりしん》に入門するまでは、生家で製造販売していた「石田散薬」の行商を行っていた。しかし、行商にはあまり熱心でなく、出先で道場を見かけては飛び込んで勝負を挑み、腕を磨いていた。

ちなみにこの石田散薬、効能は、打ち身、擦り傷、切り傷、捻挫、骨接《ほねつ》ぎ。使用方法に、「この散薬は酒にて用うべし」とあり、「酒で薬を飲めば、体がホカホカ温まり、くじいた痛みも忘れてしまうのではないか」と笑い飛ばされていた。周りからの評価はゼロに等しかった石田散薬だが、土方はこの薬を新選組の常備薬にしていたというから、土方自身はその効果を信じていたのだろう。

沖田総司……剣術の天才はどんな刀を使った?

加賀清光◆かがきよみつ

新選組一番隊長・沖田総司《そうじ》の愛刀といえば、よく「菊一文字則宗《きくいちもんじのりむね》」の名が挙げられる。

しかしこれは、司馬遼太郎が『新選組血風録』の中に描いた架空の設定で、新選組に関する資料には、沖田が菊一文字を使っていたという記録はない。

備前国の刀匠・則宗の作品は、幕末期にはすでに国宝級の扱いを受けている古刀であり、沖田が所有した可能性は、経済的にも実戦的にもほとんどない。

沖田が使っていたのは、おそらく加州《かしゅう》（金沢）の刀匠・加州清光の太刀だったと見られている。

初代清光はたいへん優れた名工だったが、金儲けの才はあまりないようで、「御救い小屋」と呼ばれる窮民避難所で生活していたといわれている。

坂本龍馬……最期の瞬間まで寄りそった愛刀

陸奥守吉行◆むつのかみよしゆき

あるとき、土佐勤王党《きんのうとう》の同志が当時流行していた長い刀を手に入れ、龍馬に自慢した。龍馬は「すでに大刀は無用の長物。非常のときはこれに限る」と言って、短刀を見せて笑った。これを聞いた同志は短い刀を新調し、披露した。すると龍馬は「刀より西洋の新しい武器の方が勝る」と言って、懐中から拳銃を取り出して見せた。これを聞いた同志は苦心して拳銃を手に入れ、披露した。すると龍馬は「これからは世界を知らなければならない」と言って、『万国公法』（国際法）の和訳本を取り出して見せたという。

こんな坂本龍馬だが、その短い生涯に所持した日本刀は名刀ばかりだった。「源《みなもと》正雄《まさお》」「陸奥守吉行《むつのかみよしゆき》」「相州正宗《そうしゅうまさむね》」「備前長船《びぜんおさふね》」が、有名な四振りである。

中でも龍馬のいちばんのお気に入りは陸奥守吉行といわれている。

これは、坂本家伝来のたいへん優れた日本刀だった。家督を継いだ兄・権平が管理していたのだが、「先祖のものを持って死に臨みたい」と兄に頼み、譲り受けたものである。

事実、龍馬はいつもこの吉行を持ち歩いていた。慶応三年（1867）、京都河原町の近江屋で暗殺されたときも、龍馬と共にあったとされ、この愛刀を手にしたまま絶命したという。

岡田以蔵……その意外な出所とは

肥前忠広◆ひぜんただひろ

「人斬り以蔵《いぞう》」の通称で恐れられた岡田以蔵。

土佐勤王党に属し、その指揮を執る武市瑞山《たけちずいざん》に命じられるまま、人斬りを繰り返した。自分を貧困から救ってくれた武市への恩返しのつもりだったのか、武市の意に沿わぬ者たちを次々と襲う。最後は捕らえられ、晒《さら》し首にされた。武市への忠義に生きた短い人生だった。

以蔵の人生に影響を与えた人物がもう一人いる。その名は坂本龍馬。暗闇で生きる以蔵に照らされた一筋の光明であり、以蔵にとって心を許せるたった一人の人物だった。

武市の過激なやり方を許せなかった龍馬は、そのもとで働く以蔵を救い出すために、勝海舟の護衛役を任命する。人を斬っていた以蔵が人の命を守る任務を与えられたのだ。しかし、武市への恩を忘れることができなかったのか、やがて以蔵は海舟の元を去るものの、一度背《そむ》いた武市の元に戻ることもできない。そして再び堕《お》ちていった。

そんな以蔵の愛刀「肥前忠広」は、龍馬から譲り受けたものだった。とても大切にしていたようだったが、最後に捕らえられたときには脇差一本しか所持しておらず、肥前忠広は手放したあとだった。

武市を失い、龍馬から譲り受けた愛刀も失った岡田以蔵。

享年二七。

第3章　武将の愛刀

勝海舟……〝抜かない刀〟といわれるわけ

水心子正秀◆すいしんしまさひで

幕末の動乱を生き抜いた勝海舟は、何度も命を狙われたが、自分では決して相手を殺すことはしなかった。晩年の勝海舟の談話を記録した『海舟座談』（巌本善治編集／岩波書店）の中で、こう誇らしげに語っている。

「私は人を殺すのが大嫌ひで、一人でも殺したものはないよ。みんな逃して、殺すべきものでも、マアマアと言って放って置いた。（中略）私が殺されなかったのは、無辜《むこ》（罪のない人）を殺さなかった故《ゆえ》かも知れんよ。刀でも、ひどく丈夫に結えて、決して抜けないようにしてあった。人に斬られても、こちらは斬らぬといふ覚悟だった。ナニ蚤《のみ》や虱《しらみ》だと思へばいいのさ。肩につかまって、チクリチクリと刺しても、ただ痒《かゆ》いだけだ、生命に関りはしないよ」

こう語る勝海舟が所持する日本刀は、水心子正秀。江戸時代後期の刀匠である。

正秀が活躍する少し前の江戸中期は、戦などははるか昔のこととして忘れ去られた泰平の世であった。武器であったはずの日本刀は装身具と化し、華やかさこそが優先され、鋭利強靱《きょうじん》な日本刀は希少となる。やがて、江戸末期・文化文政のころになると、尊王攘夷《そんのうじょうい》の声高く、物情騒然となった。そうした世相に合わせ、刀剣界にも転換期がやってくる。その中心となったのが、水心子正秀だ。

「簡素化された新刀の鍛刀法を改め、古刀の鍛錬法に復元すべきである。もういちど鎌倉時代の古作の備前や相州伝のように、砂鉄から鍛錬する古法に則した一貫作業を行うべきである」

と提唱し、諸国の刀匠たちの共鳴を得て、泰平の世で衰退しつつあった日本刀に大きな影響を与えた。実際、正秀の作品には実用的な剛刀が多く見られる。

勝海舟の〝抜かない刀〟がこの正秀の作というのは意外なようだが、剣と禅とを極めた勝だからこそ使いこなせた剛刀なのだろう。

日本刀一問一答・其の一

問 日本刀と銃弾、どっちが強い？

答 あるテレビ番組で行った実験である。刃先をこちら側に向けて立てた日本刀に向かって発砲した。すると、刃先に当たった銃弾は真っ二つに。

一見、日本刀のものすごさを証明する衝撃的な映像だが、実は、銃弾は、鉛《なまり》や銅などの軟らかい金属を主成分としている。対する日本刀の強さはこれまで述べてきたとおりであり、銃弾が真っ二つになるのも当然といえよう。

ただし、銃を持った人間と日本刀を持った人間とが戦ったとしたら、いったいどちらが勝つのだろうか。こればかりは実験するわけにもいかず、結果は想像するしかない。

問 貧しい武士は、どんな日本刀を持っていた?

答 江戸時代、下級武士でも代々受け継がれてきた名刀を持つ者はいた。ただ、新しいものを買うとなると、古物商で安価な質流れの刀を買ったり、それさえ買うお金もないほど貧しい武士は、刀を売り払い、代わりに竹を削って刀のように見せかけた、いわゆる「竹光《たけみつ》」を持っていた。

問 左利きの武士は、右腰に日本刀を差していた?

答 江戸時代の武士の作法を考えると、左腰に差すのが常識で、いくら左利きでも右腰に差すとは考えにくい。右腰に差していると、道でほかの武士とすれ違ったときに、鞘がぶつかってしまう。鞘を当てるのは喧嘩を売るようなもので、武士の世界ではご法度とされていた。

またそのころは、「左利きは家が傾く」とされ、子供のころから矯正《きょうせい》されていたと思われる。こうしたことから、江戸時代の武士は皆、左腰に日本刀を差していたと考えられる。

問 **白いポンポンを刃に当てているのは何をしている?**

答 ポンポンとしながら、古い油をとっている。あのポンポンの中には「打ち粉」と呼ばれる砥石《といし》の粉が入っている。その粉を刀身に軽くつけ、紙で拭くことで、刀身に塗ってある古い油が取り除かれ、さらに、刀身を美しく仕上げる働きもある。

問 **『ルパン三世』の石川五ェ門の日本刀の鞘は、なぜ地味?**

答 30ページのイラストのような刀装小道具による外装を「拵《こしらえ》」という。例えるなら日本刀の〝外出着〟であり、武士は、出かけるときには、拵に刀身を納めて腰に差す。

これに対し、石川五ェ門が持っているものは、白鞘《しらさや》という日本刀の〝寝間着《ねまき》〟のようなものだ。家で保管するときには刀身に錆《さ》び止めの油を塗っておくのだが、この油で拵を傷めないよう、拵のかわりに白鞘に納めておくのである。

本来は戦いの場に持っていくものではないのだが……。

問　『るろうに剣心』に登場する「逆刃刀《さかばとう》」にモデルはあるの？

答　まず、「逆刃刀」というのは、主人公・緋村剣心《ひむらけんしん》が所有する日本刀。その名のとおり、刃と棟《むね》が逆向きに打たれているため、普通に使えば棟打ちの状態となり、殺傷力をもたない。

率直にいえば、この逆刃刀に「モデルはない」。

しかし、2013年、千葉県にある、江戸時代に名主を務めた旧家の蔵から、これと同じ構造の刀が発見された。全長約28㎝、刃長《じんちょう》約22㎝。刀身は錆《さ》びていて刃文は見えないが、通常の棟の部分が刃に、刃の部分が棟になっている。

地元教育委員会が実施する登録審査会で審査を行ったところ、日本刀の製法とは違うことから、美術刀として登録することはできなかった。

問　軍刀って何？

答　明治維新以降、日本の軍備が見直された。フランス軍を視察した陸軍が参考にし、採用したのは西洋の「サーベル」で、「これをもって軍刀とする」と決定した。しかし、代々家に伝わる日本刀に少し手を加えた〝サーベル風〟の刀を使う者が続出したため、自国に似合った独自の軍刀を開発することになる。

昭和に入り、日中戦争が始まるころになると、軍備拡張により軍刀の大量生産が求められた。靖国神社をはじめ、各地に鍛錬伝習所が作られたが、値段も安く製作期間も短い機械製軍刀が出回った。これらは「昭和刀」と呼ばれ、美術刀剣の範疇《はんちゅう》には入らず、登録証も発行されない。

騎兵戦がなくなってからは、軍刀の使用をやめる国が増えるが、日本では第二次世界大戦時まで製造され、常時佩用《はいよう》していたという。

問　「安心しろ。峰打《みねう》ちじゃ」というが、峰打ちなら本当に安心？

答　斬るのではなく峰（棟《むね》）で打つぐらいなら死ぬことはないだろうと思うだろうが、実際は鉄の棒で強く叩かれるのに等しく、打撲や骨折、打ち所によっては死に至ることもある。また、打たれた者が峰打ちと気付かずに、「斬られた」と思い込み、ショックで死ぬこともあったらしい。

第4章 日本刀を鑑賞する

日本刀は、世界に誇る鉄の芸術品ともいわれている。
刃文の美しさ、姿形の精悍さ、鍛えぬかれた地鉄に現れる模様の優美さ…。
これら鑑賞のポイントを知れば、ますます日本刀が面白くなる。

刀身の「形」を鑑賞する

日本刀にまつわるさまざまなエピソードから、日本刀の面白さを知っていただけたことと思うが、やはり、その〝姿〟についての話を抜きにしては、日本刀を語ることはできない。本章では、日本刀の魅力をさらに知っていただくために、鑑賞のポイントを説明していくことにしよう。

まずは「造り込み」といって、反《そ》りの様子や鎬《しのぎ》の有無など、刀身全体の「形状」から。20ページの「日本刀の各部の名称」を参考にすると理解しやすいだろう。

平造［ひらづくり］
鎬がなく、包丁のように刀身の両面が平面になっている。

切刃造［きりはづくり］
鎬が刃に寄っていて、刃先までの勾配《こうばい》が急なのが特徴。反りのない直刀に多く見られる。

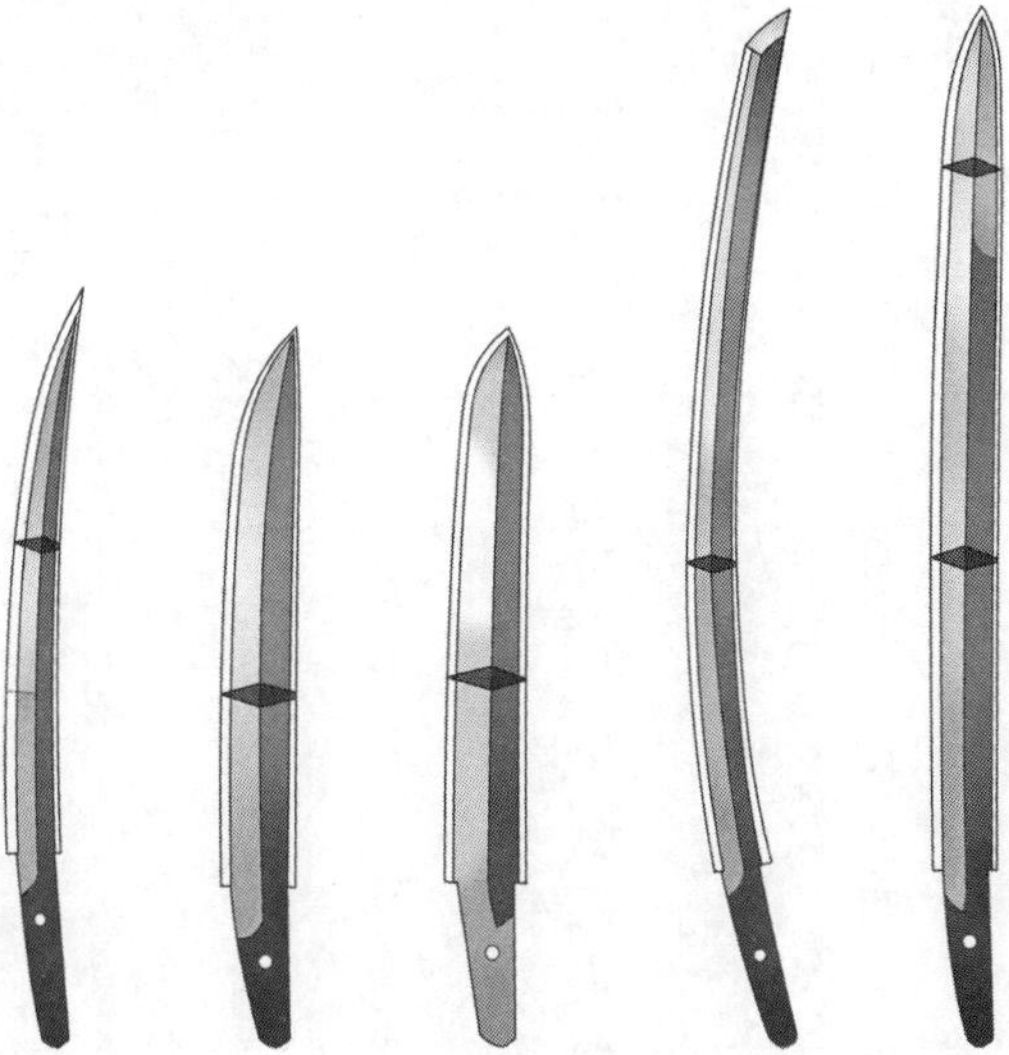

鋒両刃造［きっさきもろはづくり］
鋒から半分くらいまでが両刃になっているもの。

鎬造［しのぎづくり］
鎬が入り、横手《よこて》をつけて鋒を形成する、日本刀の代表的な形。

両刃造［もろはづくり］
左右に刃を入れた造り込みで、短刀によく見られる。

菖蒲造［しょうぶづくり］
鎬造の横手がないもの。短刀や脇差に多く見られる。

おそらく造［おそらくづくり］
刀身の半分ほどに横手があり、鋒が大変大きい。

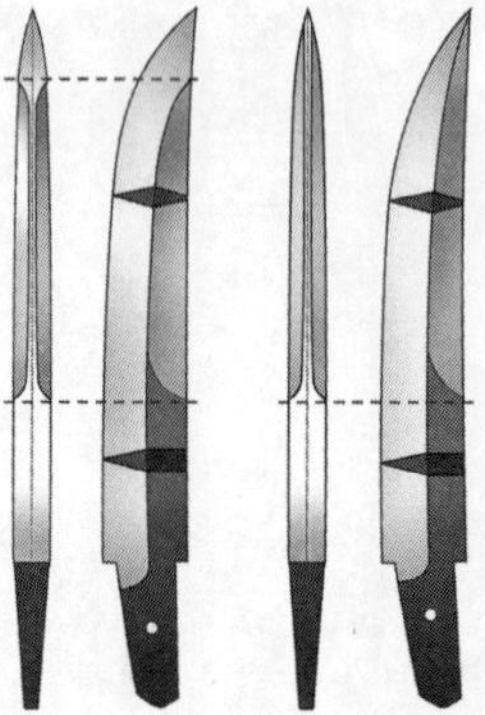

冠落造［かんむりおとしづくり］
棟の上半分を薄く削《そ》いだ造り込み。大和伝《やまとでん》のものによく見られる。

鵜の首造［うのくびづくり］
冠落造と同じく、棟の上半分を薄く削いだものだが、先端だけ、厚みを残している。

時代による分類、地域による分類

さて、前項の「冠落造」の説明に、「大和伝」という言葉が出てきたが、このへんで、日本刀の「分類」について軽く触れておこう。

日本刀は、作られた時期や作られた地域、さらには作った人によって独自の特徴をもっている。作られた時期については、まずは関ヶ原の戦い（1600年）のころを境にして分類される。

関ヶ原の戦い以前のものを「古刀」、それ以降のものを「新刀」、明治前後のものを「新々刀」、今の時代のものを「現代刀」という。

古刀以前のものは「上古刀《じょうことう》」と呼ばれ、日本刀の範疇《はんちゅう》には入らないとする説が多い。これらはほとんどが古墳などからの出土品であり、中でも聖徳太子が所持したとされ国宝に指定されている「丙子椒林剣《へいししょうりんけん》」は有名。七世紀作という古いものでありながら、今なお美しい輝きを見せる、日本の大切な宝である。

時代別には、おおむね以上のように分類されるが、研究者や鑑定士によって、「古刀は1596年までである」とか、「慶長（1596～1615年）以前のものを古刀と呼ぶ」などの、微妙な違いがある。

さらに、古刀については地域による分類もなされている。「山城《やましろ》（京都）」「大和（奈良）」「備前《びぜん》（岡山）」「相模《さがみ》（神奈川）」「美濃《みの》（岐阜）」の五つの地域に大別され、それぞれ「山城伝《でん》」、前項の冠落造《かんむりおとしづくり》の説明で出てきた「大和伝」、そして、「備前伝」「相州伝」「美濃伝」と呼んでいる。

これらを総称して「五箇伝《ごかでん》」というが、それぞれの特徴について述べるのは、もう少しあとにしておこう。

地肌を鑑賞する

鑑賞のポイントに、話を戻そう。

「造り込み」とともに、日本刀を鑑賞するうえでおさえておきたいのが、「地肌《じはだ》（「地《じ》鉄《がね》」と表現することもある）」である。

地肌とは、折り返し鍛錬《たんれん》を行うことによってできる「地《じ》（焼き入れされていない部分）」の模様のこと。一見何の模様もないように見える「地」だが、よく見てみると、日本刀一本一本に、独特の模様が存在する。これは、炭素の量の異なる材料を組み合わせて折り返し鍛錬を行うことで生じる模様で、炭素が多い部分が黒っぽく見えるために生じる現象である。

材料となる鋼《はがね》をどのように折り返して鍛えるかによって模様が決まることから、作られた時代や地域を知る手がかりの一つになる。

「板目肌《いためはだ》」「杢目肌《もくめはだ》」「柾目肌《まさめはだ》」「綾杉肌《あやすぎはだ》」「梨子地肌《なしじはだ》」などに大別されるが、溶かした鉄を鋳型《いがた》に流し入れて作る鉄製品には決して見られない独特の模様であり、日本刀鑑賞の醍醐味《だいごみ》ともいえる。

【代表的な「地肌」】

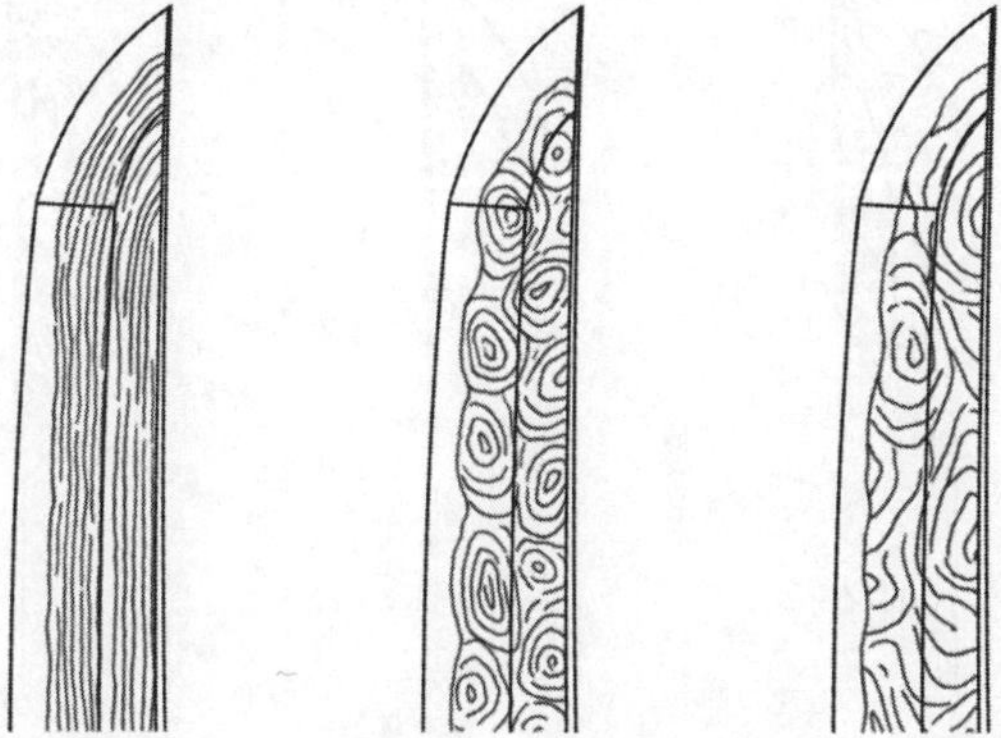

板目肌［いためはだ］

木の板の模様に似た地肌で、もっとも多くの刀に見られる。板目肌の中でも模様の大きいものは「大板目《おおいため》」、小さいものは「小板目《こいため》」と呼ばれる。

杢目肌［もくめはだ］

板目肌の一種だが、丸い年輪のような模様が顕著。五箇伝の中の備前《びぜん》伝によく見られ、模様の大小によって「大杢目」「小杢目」と呼ばれる。

柾目肌［まさめはだ］

木を縦に切ったときの模様（柾目）に似た地肌で、大和《やまと》伝によく見られる。

綾杉肌［あやすぎはだ］

柾目肌が大きく波打ったような模様。五箇伝ではないが、奥州《おうしゅう》・月山《がっさん》を拠点とし、鎌倉から室町にかけて活躍した刀匠集団「月山一派」によく見られる。

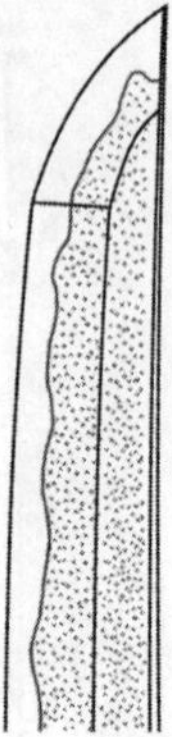

梨子地肌［なしじはだ］

小板目、小杢目がさらにきめ細かく、蒔絵《まきえ》の梨子地に似た地肌。山城《やましろ》伝によく見られる。

板目に柾目まじり

板目肌に柾目肌がまざった模様。大和伝によく見られる。

刃文を鑑賞する

作刀工程の山場ともいえる「焼き入れ」により生み出された「焼き刃」は、刃を強くすると同時に、美しい「刃文」を生み出す。この刃文もまた、日本刀の重要鑑賞ポイントだ。

間違えやすいのは、博物館や刀剣店などで、ケース越しからでも見える白っぽい刃文は本来の刃文ではないということ。これは、研師《とぎし》による「刃取り」という作業によって、刃文を白く美しく仕上げたもの、つまり〝化粧を施した姿〟のようなものである。本来の刃文は、ある角度で刀身に電灯の光を当てると見えてくる。

刃文は「直刃《すぐは》」と「乱刃《みだれば》」に大別される。直刃は刃と平行にまっすぐ入った刃文で、その幅の広さによって「細直刃」「広直刃」「中直刃」などに分類される。

直刃以外のものは乱刃。乱刃は形によって、さまざまな種類に分類される。ほんの一部だが、代表的なものを紹介しよう。

【「刃取り」と「刃文」】

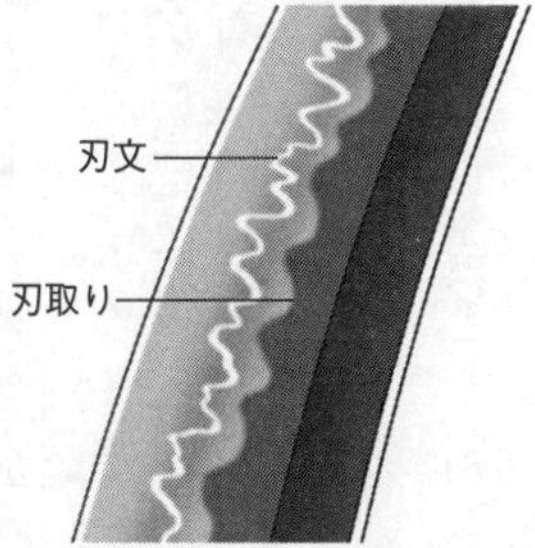

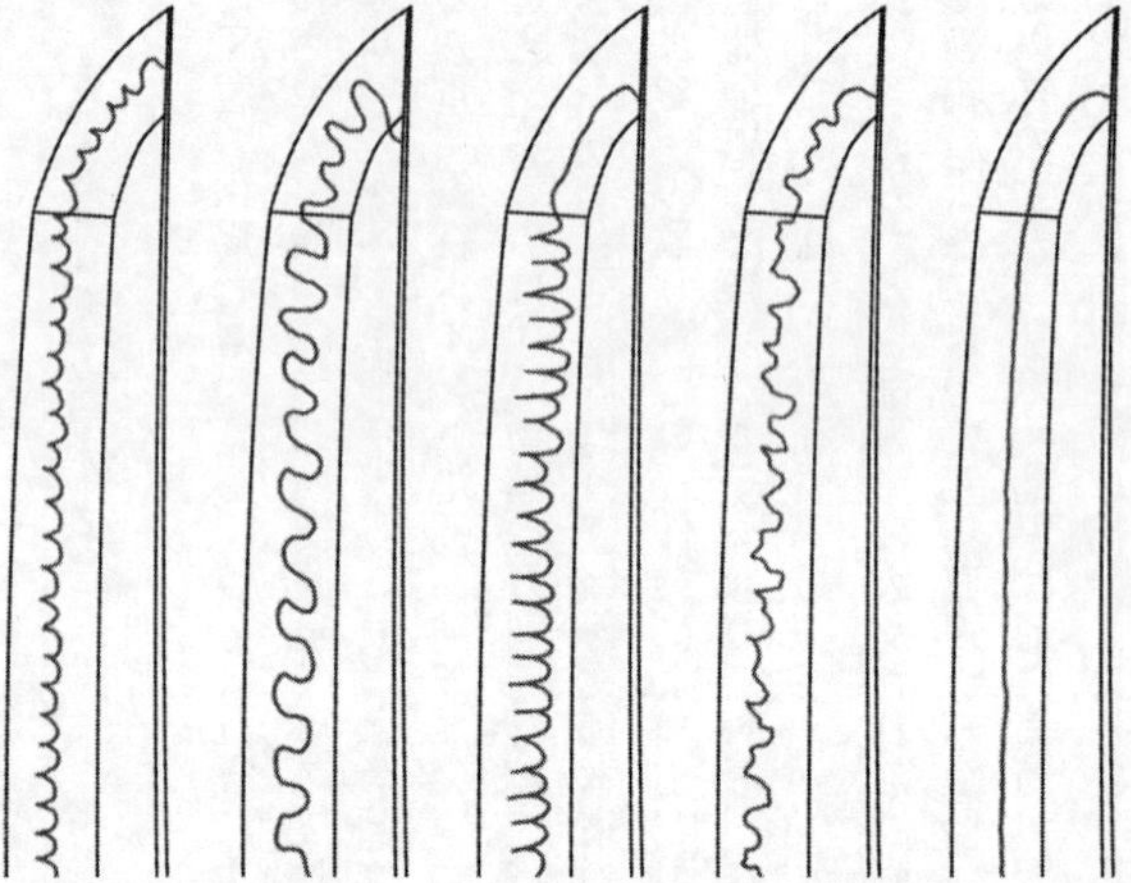

直刃［すぐは］
まっすぐに入った刃文

丁子刃［ちょうじば］
備前伝によく見られる華やかな刃文。時代によってさまざまなパターンがある

足長丁子刃［あしながちょうじば］
丁子刃の中でも特に「足（刃の縁から刃先に向かって細く入る突起）」が長い

兼房丁子刃［かねふさちょうじば］
焼き幅が高く、間隔が広い

互の目刃［ぐのめは］
一定の間隔でほぼ整然とした刃文

【おもな刃文】

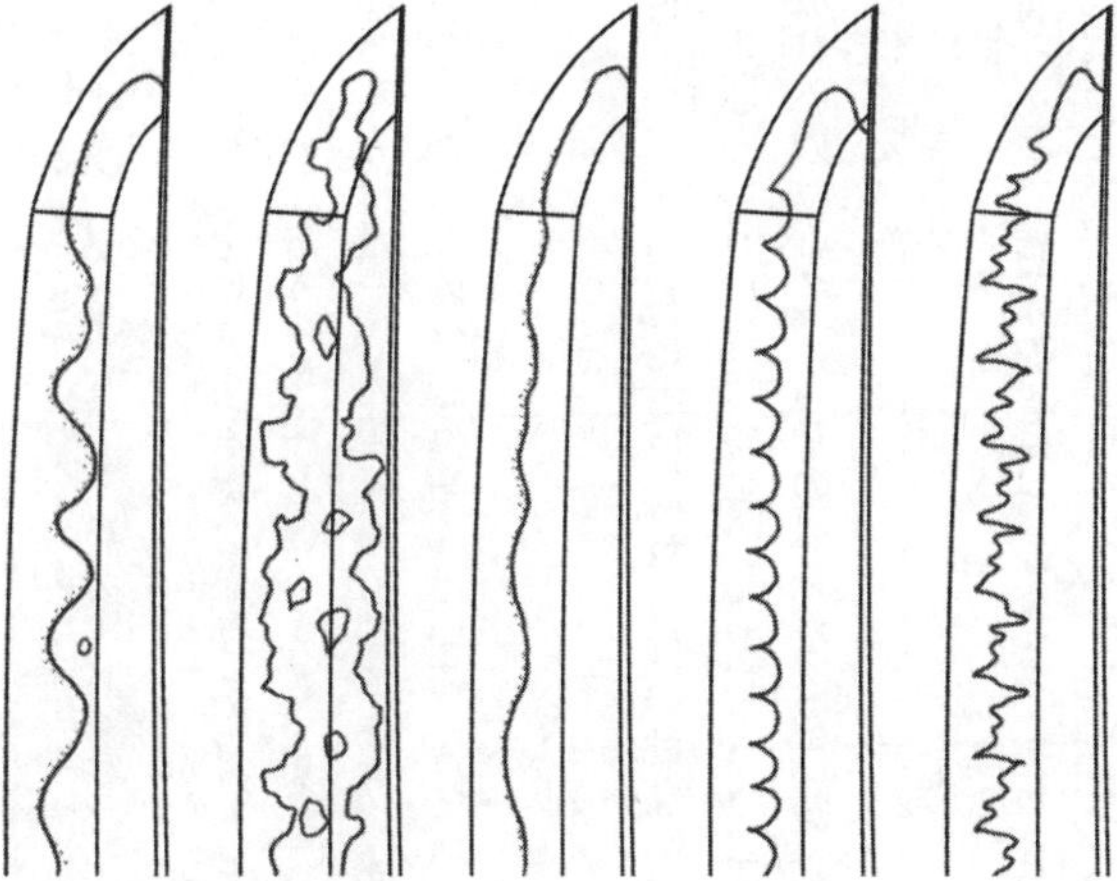

三本杉刃［さんぼんすぎは］
山形を三つ連ねたような模様

数珠刃［じゅずは］
互の目の中でも頭がそろっている

湾れ刃［のたれば］
ゆったりとした波状の模様

皆焼刃［ひたつらは］
刃だけでなく、地《じ》、鎬地《しのぎじ》、棟《むね》まで焼き入れされて現れたもの

濤乱刃［とうらんば］
寄せくる波を模して作られている

日本刀鑑賞の心得

実際に日本刀を鑑賞する機会が与えられたときのために、その作法を知っておいたほうがいいだろう。作法といっても、茶道や華道のような形式ばったものではないが、日本刀はたいへん繊細なものであり、かつ、取り扱いを一つ間違えれば大事故にもつながる危険性をはらんでいるだけに、心得ておかなければいけないこともある。

心得その一 **刀身に直接触れてはいけない**

人間の脂というのはけっこう取れにくく、刀身に錆《さび》を作る原因にもなるため、素手で触れるのは厳禁。刀身の厚みなどを観察したい場合は、かならず当て布を当てるようにする。

心得その二 **日本刀を持ったまま、おしゃべりをしてはいけない**

時代劇などで、武士が日本刀を手入れしているとき、懐紙《かいし》を口にくわえている場面があるが、これは、刀身を前にしてしゃべらないための戒めであり、湿った息を吹きかけないためでもある。唾液や湿った息が刀身につくと錆の原因となる。現代においては、懐紙を口にくわえることまではしなくても、ペラペラおしゃべりするのはタブーである。

心得その三　切先《きっさき》や刃を人に向けてはいけない

これは、冗談でもやってはいけない。人に渡すときはもちろんだが、鑑賞中は特に気をつけたい。つい夢中になって自分の世界に入り込み、周りが見えなくなるということのないよう、平常心での鑑賞を心がけよう。また、鑑賞を目的にしたときには、絶対に振ったりしてはいけない。

心得その四　敬意をもって向き合う

伝世された日本刀と、それを生み出してくれた古《いにしえ》の刀匠、それをまた後世に伝える役目を果たす持ち主に対し、感謝と敬意の気持ちをもって拝刀する。

日本刀を鑑賞する

心得とあわせて、失礼と危険のない正しい鑑賞の手順も知っておきたい。

①手を洗い清める

②指輪や時計、ブレスレットを外す……指輪や時計は、刀身や拵《こしらえ》を傷つけるおそれがあるため、あらかじめ外しておく。

③刀に一礼する

④鯉口《こいくち》を切る（少しだけ抜く）

⑤鞘《さや》から抜く……鯉口を切ったあとは、鞘の中で棟《むね》を滑らせるようにして、一気に抜く。このとき、鞘の中で刀身を左右にカタカタと動かしてはいけない。鞘の内側を削ってしまったり、刀身を傷つける恐れがある。また、途中で止めて眺めたりせずに、静かに一息に抜くこと。

よく、刃を向こうに向けて、右手で柄を、左手で鞘を持ち、両手を左右に開くように抜く人がいるが、これは間違った抜き方で、刀身や鞘を傷つけることになる。

【鞘の抜き方】

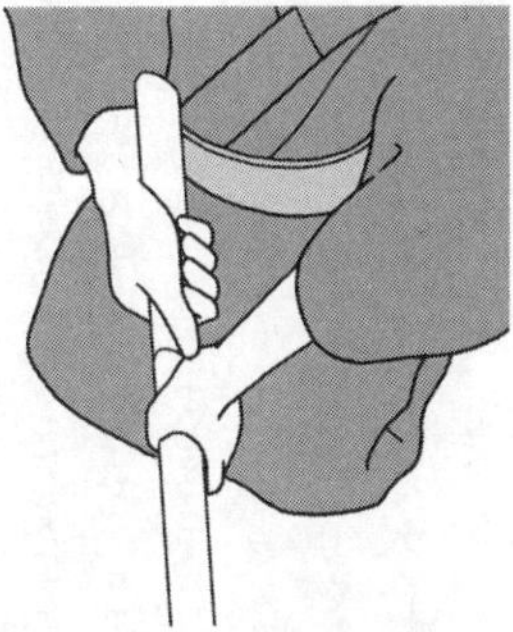

①刃を上にした状態で、柄頭《つかがしら》を手前、鞘尻《さやじり》を向こう側にして太ももの上に置く。右手で柄を握り、左手は逆に鯉口の少し下を握る。右手の親指で左手の親指の付け根を押すようにする

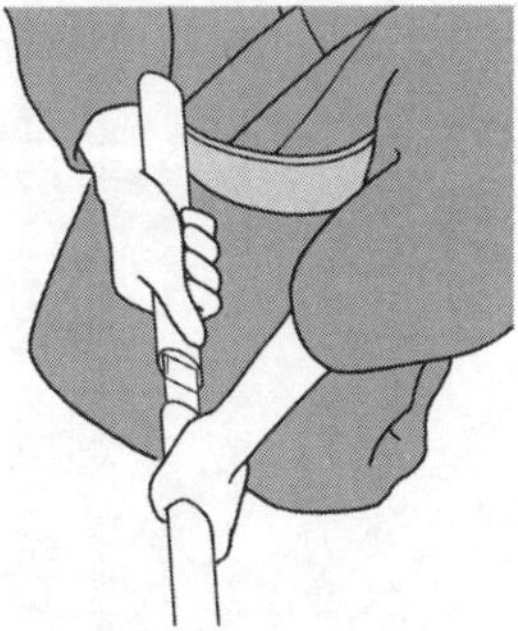

②鯉口を切った状態

③右手を後方に引きながら鞘を持つ左手を少し前に押し出すようにし、まっすぐに抜く

④両手を左右に開くようにして抜いてはいけない

⑥**鑑賞する**……刀身を立てて姿を見たり、白熱灯にかざして地肌や刃文を鑑賞する。茎《なかご》以外の部分は素手でさわらず、近くに用意されている「ネル」というやわらかい布を当てるようにする。なお、柄をはずして鑑賞する際は、必ず持ち主に柄をはずす許可を得ること。

⑦**置く**……見終わったら、刀身を刀枕（クッション）にそっと置く。

⑧**最後に刀に一礼する**

このあと、持ち主に感想を伝えたいところだが、これがまた難しい。

「優美な刃文」「力強い刃文」「精美な鍛え」「明るく冴《さ》えた作品」「野趣を帯びた作品」「覇気がある」「凛《りん》とした」「古雅な味わい」「豪壮な姿」「名刀の気位を表している」「バランスがいい」など、さまざまな表現があるが、無理して使おうとは思わずに、素直に感じたままを伝えればいいだろう。

なお、美術館などで、ガラス越しに日本刀を鑑賞するときには、真正面に立って鑑賞しても、地肌や刃文はよく見えない。斜めから見てみたり、かがんでみたり、いろいろに動いてみて、ベストなポジションを探すようにするといい。

【日本刀を鑑賞する】

①刀身を立てて見る

②刀身を横にして、
光にかざして見る

③刀身を斜めにして、
光にかざして見る

④当て布を当て、
直接触れないようにする

作者を当てる「入札鑑定」

本格的な武家社会となった鎌倉時代には、武器としての日本刀の需要が高まると同時に、その芸術的価値が浸透し、日本刀を鑑賞する習慣が発達した。室町時代には、刀剣の鑑定を職業とする者が現れたり、「入札鑑定」が行われたりするようになった。

「入札鑑定」とは、作者のサインともいえる「銘」を隠してその刀剣の作者を当てるゲームのようなもので、武将が集まったときに、余興として楽しまれていた。「全体の姿を見て時代の見当をつける」「鉄の色や質、地肌を見て製作地方、国を考える」「刃文と帽子によって流派、系統、個人名を考える」といったポイントを総合し、作者を推察するのだが、この入札鑑定は、今日でも、日本刀の勉強会の一環として行われている。

日本刀の長い歴史の中には、わかっているだけでも二万名以上の刀匠が存在した。その中からたった一人を当てることなど本当に可能なのかと思うところだが、知識と経験を積めば、だんだん言い当てられるようになるそうだ。

武士の作法

日常的に日本刀を扱う武士の場合、幼少のころから刀に関する作法は叩き込まれていた。人を殺すことなどたやすい日本刀だけに、扱いについてはさまざまな決まりごとがあり、それをきちんと覚え、作法にのっとった行動をすることは、円滑な人間関係のためにも、とても大切なことだった。

たとえば、人の家を訪問する際は、玄関に上がる前に、腰に差した刀をサッとはずし、その家の者や従者に預ける。人に預けずに家に上がる場合は、右手に刀を持つようにする。これは、刀を抜くときには一度左手に持ち替えなければならないため、相手に対して敵意を持っていないことを示す作法である。左手に刀を持って家に上がれば、喧嘩をしにきたと思われても仕方がない。

また、部屋に通され腰を下ろす際は、刀は必ず自分の右側に置くようにする。理由は右手に持って家に上がるのと同様である。

逆に、自分の左側に刀を置いて座ることを「抜き打ち座」と呼び、これは、いつでも刀を抜くことができることをアピールした、緊迫した状態だ。

サラリと使いたい「鑑賞用語」

日本刀に関する言葉は独特である。説明書きを見てもまったく意味がわからない、などということのないよう、よく使われる言葉について、説明しておこう。

肌立《はだた》つ……地肌の模様がはっきり出ていること。

肌詰《はだつ》む……地肌の模様がきめ細かく密着していること。

無地風《むじふう》……表面に地肌の模様が見えない、のっぺりしたもので、新々刀でよく見られる。「地肌は、小板目肌がよく詰んで無地風」などと使われる。

沸《にえ》／匂《におい》……焼き入れすることによって現れる、もっとも硬い鋼の組織のこと。肉眼でも見えるくらい粒子の粗いものを「沸」、顕微鏡で見てやっとわかるほど粒子の細かいものを「匂」という。

例えるなら、夜空に輝く星のようにきらきら光って見えるのが「沸」であり、天の川のように霞《かす》んで見えるのが「匂」である。沸が多いものを「沸出来《にえでき》」、匂が多いものを「匂出来《においでき》」という。

沸（匂）が深い……沸や匂の粒子がくっきりしていること。

働き……刃や地に現れる模様のようなもの。日本刀のいったいどこにそんな模様があるのかとも思うが、この「働き」が、日本刀をより美しく奥深くしている。働きが多い刀は鋼がうまく鍛錬《たんれん》されており、刀工の技量の高さがうかがえる。働きには、以下のようなものがある。

【足《あし》／葉《よう》】焼刃（焼き入れした刃）に現れ、刃縁《はぶち》から刃先の方向に入る線を「足」、刃縁から離れて刃に点々と入るものを「葉」という。

【金筋《きんすじ》】沸がつながって一本の線状となり、刃中に美しく光って見えるもの。

【稲妻《いなづま》】金筋が激しく屈折したもの。

【打《うち》のけ】刃縁付近で三日月のような形で入った金筋。

【砂流《すなが》し】刃や刃縁に現れる、砂地を箒《ほうき》で掃いたような模様。

【二重刃《にじゅうば》】直刃などで、主たる刃文に沿ってあるもの。

【食い違い刃】直刃などで刃文が連続せずに食い違うもの。

【地景《ちけい》】黒光りする沸が線になり、地肌の模様に沿って地の中に現れたもの。

【湯走《ゆばし》り】沸が、地に一部だけ濃くついたもの。

【映《うつ》り】刃文と鎬筋《しのぎすじ》の間に、まるで刃文の影が映ったように、うっすらと白く見えるもの。備前《びぜん》伝特徴。現代刀匠で、「映り」を出せる者は少ないという。

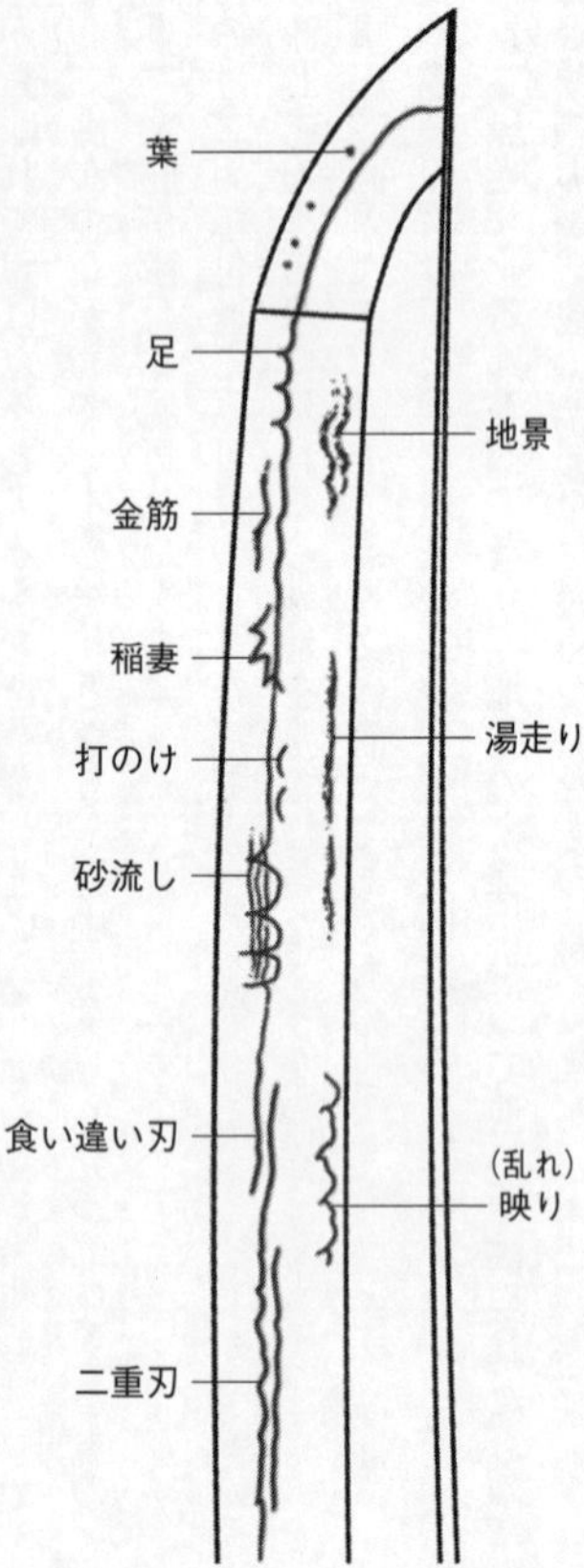

鎬《しのぎ》が高い／鎬が低い……断面で見て、鎬の厚い・薄いによって「鎬が高い」「鎬が低い」といいわける。

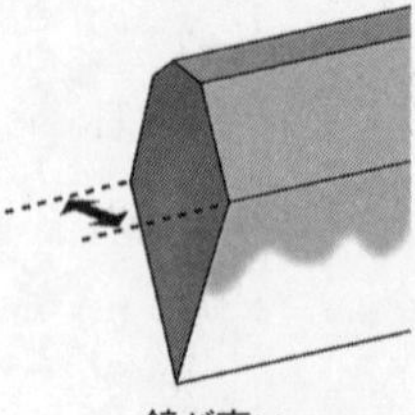
鎬が高い

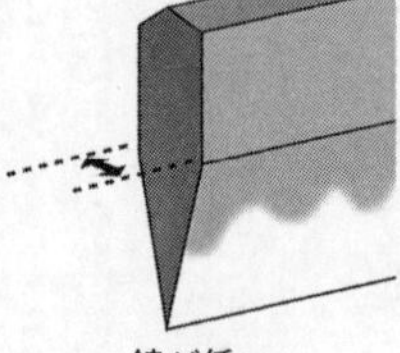
鎬が低い

ふくら付く／ふくら枯れる……鋒《きっさき》に丸みがあることを「ふくら付く」、丸みが少ないことを「ふくら枯れる」という。そのほかにも、鋒にはさまざまな形がある。

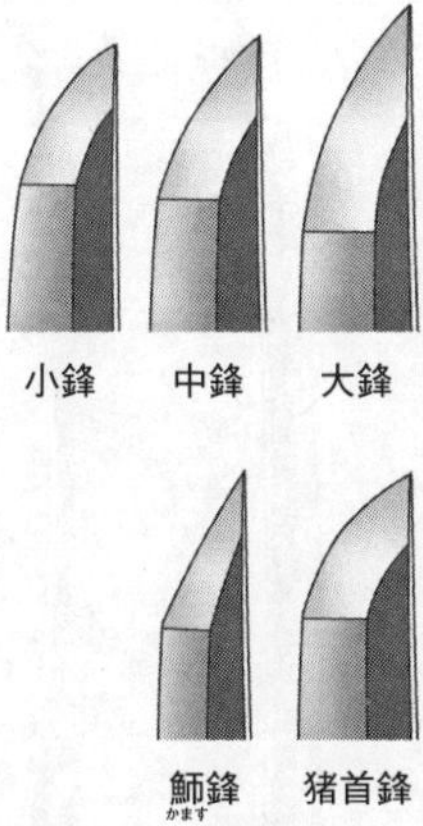

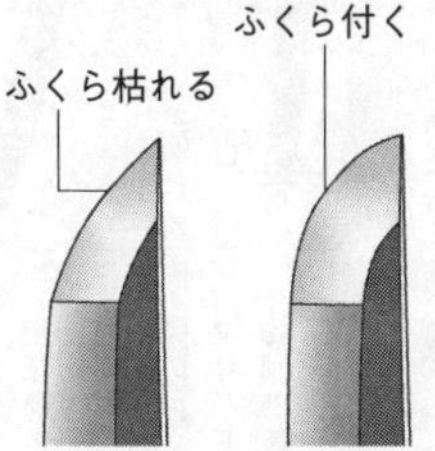

庵高《いおりたか》い／庵低《いおりひく》い……棟《むね》には大まかに「角棟《かくむね》」「庵棟《いおりむね》」「三つ棟」「丸棟」の種類があり、庵棟の傾斜が急なものを「庵高い」、ゆるいものを「庵低い」という。

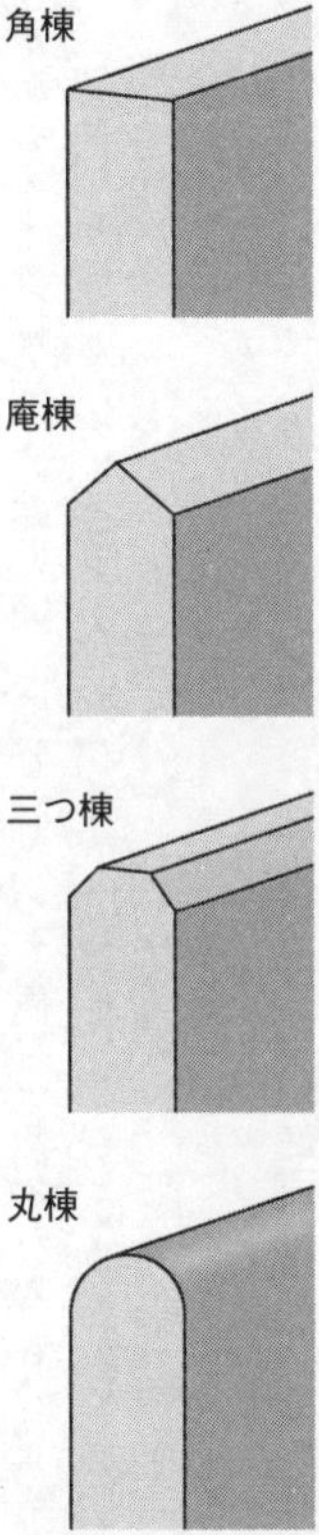

踏《ふん》張《ば》りがある……身《み》幅《はば》が、先端にいくにしたがって極端に細くなるもの。「踏ん張りがあり、力強く優美だ」などと使う。そのほかにも、「反り」にはさまざまな形状がある。

【反りの形状】

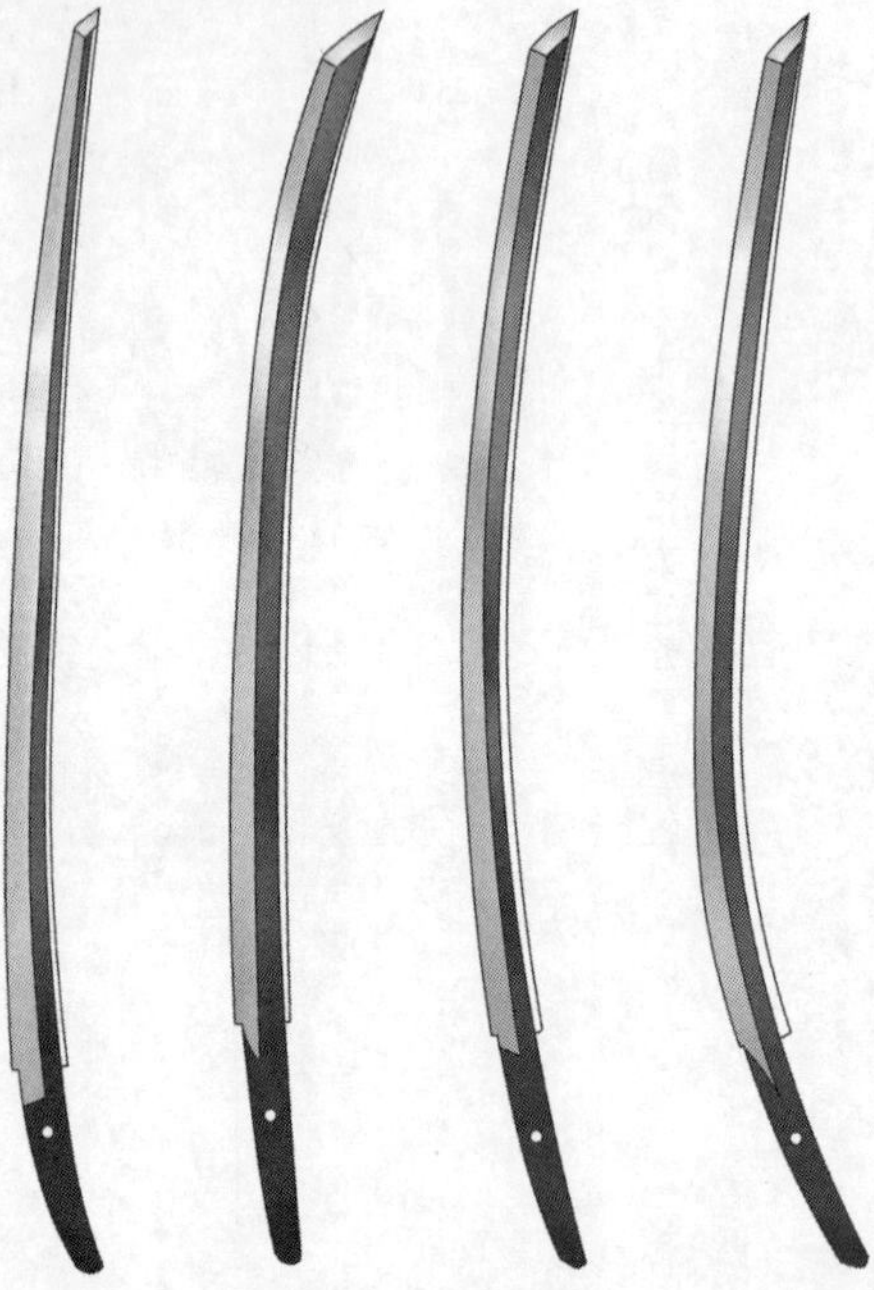

腰反り
反りが腰（区に近いところ）のあたりで最も大きく入っている

輪反り
反りの中心が刀身の中央にある。鋒から茎の先まで反りが均一

先反り
反りが刀身の中央より鋒側で最も大きく入っている

踏張り
身幅が先端にいくにしたがって極端に細くなる

返《かえ》り深い／浅い……鋒の刃文を「帽子《ぼうし》」というが、帽子にもさまざまな表現が使われる。「返り深い／浅い」もその一つ。

【さまざまな帽子の形】

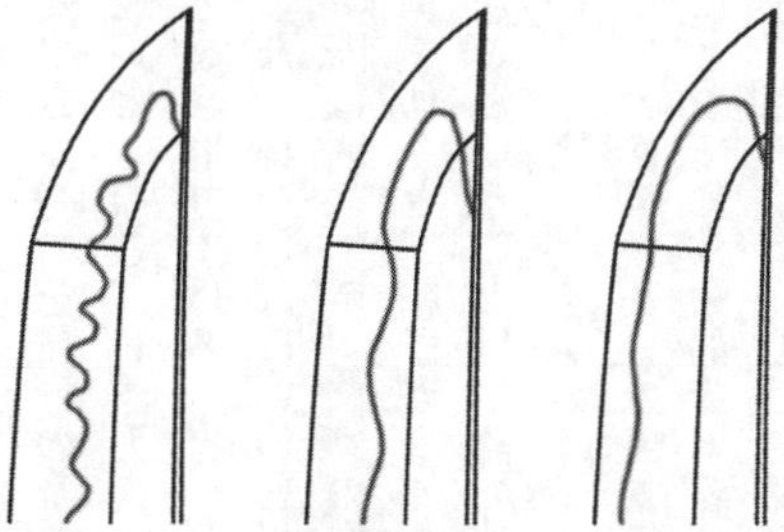

乱込帽子
横手筋より下が乱刃、直刃に関わらず、乱れた帽子

小丸帽子
先端が小さく円を描く

大丸帽子
ふくらに沿って大きく円を描く

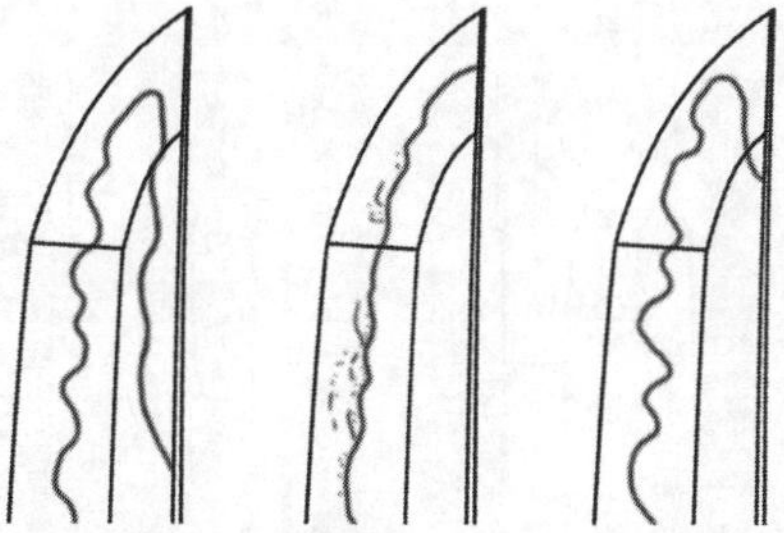

返りが深い
ヘアピンカーブのように、長く下に焼き下げたもの

焼詰帽子
円を描かず棟に向かって抜けていく

地蔵帽子
ふくらあたりで丸みをもち、先が丸く返る

磨《す》り上《あ》げる……太刀を刀として使いたいとき、長すぎるものを自分の身長に合わせて使いたいときなど、日本刀の寸法を短くすることを「磨り上げる」という。寸法を短くするなら鋒を切ればいいと思うところだが、実際は区《まち》（棟区・刃区）の方から短くする。鋒を切ると、帽子がなくなる。帽子がなくなるということは、鋒の焼刃がなくなるということ。焼き入れすることによって硬くなった鋒の焼刃がなくなることは、日本刀にとっては致命的である。

折り返し銘《めい》……磨り上げて銘がなくなるような場合、茎《なかご》を切ってしまわずに反対側に折り曲げて、その銘を残したもの。

額銘《がくめい》……磨り上げて銘がなくなるような場合に、銘を切り取り新しい茎にはめ込むこ

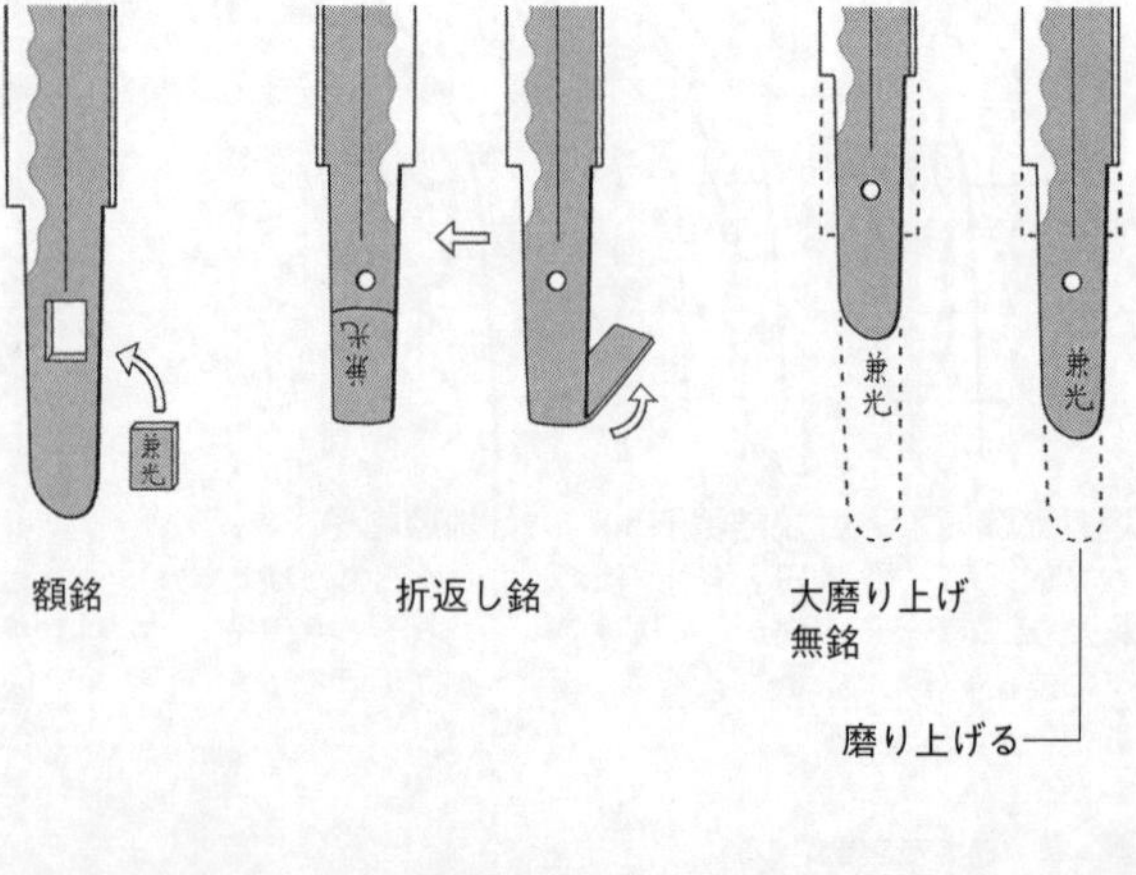

と。

生《う》ぶ……製作当初の姿のままで、手を加えられていない状態のこと。「生ぶ穴」とは、後世、複数の目釘穴《めくぎあな》があけられた場合、その中の製作当初にあけられた目釘穴のこと。「生ぶ茎」とは、磨り上げていない作られた当初の茎のこと。

名物《めいぶつ》……古来有名な刀剣類のこと。多くは異名（号）が付けられている。本来は、鑑定家・本阿弥光忠がまとめた『享保名物帳《きょうほうめいぶつちょう》』に記載されているものを表す。

折紙《おりがみ》……江戸時代に発行された鑑定書。本阿弥家が発行した。

極《きわめ》……無銘の日本刀に対する鑑定のこと。

代付《だいづけ》……日本刀の価値を代金として示したもの。

鞘書《さやがき》……鑑定家などが、鑑定の結果を白鞘《しろさや》に書いたもの。

偽銘《ぎめい》……作者の銘を偽って切った銘。

偽作《ぎさく》……作者を偽って作った作品。

疲《つか》れ……研磨が繰り返し施されたことで、心鉄《しんがね》が現れている状態。

埋鉄《うめがね》……鍛錬がうまくいかずにできてしまった傷を補修するために、別の刀の鉄をはめ込むこと。

後彫《あとぼり》……刀身が製作されたのより後になってから施された彫刻。時代や作者とそぐわない彫刻のこと。

「五箇伝」それぞれの特徴

先に、日本刀はその作られた地域によって、「大和《やまと》伝」「山城《やましろ》伝」「備前《びぜん》伝」「相州《そうしゅう》伝」「美濃《みの》伝」に分類されることは述べたが、ここで、それぞれの特徴について書いておこう。反りの様子や刃文、働きについて述べた後なので、理解しやすいだろう。

◆**大和伝**……平安時代前期以降、大和地方（奈良県）で発生した刀匠集団による伝法。寺院のお抱え鍛冶として門前に居を構え、僧兵の武器として、実用本位の日本刀を作製した。無銘のものが多いのが特徴。

姿は反りの中心が刀身の中央にある「輪反《わぞ》り」が雄大につき、鎬《しのぎ》が高く、鎬幅が広い。地肌は柾目《まさめ》肌を交える。刃文は直刃《すぐは》を基調とし、刃縁《はぶち》に金筋《きんすじ》、砂流《すなが》しなどさまざまな働きが現れる。帽子《ぼうし》は掃き掛けて浅く返るか、焼き詰めとなることが多い。

◆**山城伝**……平安時代後期以降、山城地方（京都府南部）で発生した刀匠集団による伝法。天皇や貴族の需要に応えた優雅で美しく上品な作風が特徴。

姿は輪反りが美しく、地肌は板目《いため》肌が詰《つ》み、地沸《じにえ》が微塵《みじん》について、光を反射し輝く。刃文は小沸が深く、刃中に足《あし》が入る。帽子は小丸《こまる》に形よく返るものが多い。

◆**備前伝**……平安時代後期以降、備前地方（岡山県南東部）で発生した刀匠集団による伝法。明治の新々刀期まで続く流派。各時代の流行を取り入れるのがうまく、大いに繁栄した。

姿は茎《なかご》のすぐ上から反りが始まる（腰反りが高い）。地肌は板目に杢目《もくめ》を交えてよく詰み、細かな地沸が厚くついている。また、映《うつ》りと呼ばれる刃文の影のような働きが出るのも備前伝の特徴とされる。刃縁の粒子は細かく輝く。帽子は乱《みだ》れ込《こ》んで小丸に返ることが多い。

◆**相州伝**……鎌倉時代中期以降、相模《さがみ》地方（神奈川県）で発生した刀匠集団による伝法。中期の元寇《げんこう》での反省から、山城伝や大和伝を強化した、焼きの強い鍛錬法に取り組み、有名な刀匠・正宗によって完成した流派。

姿は輪反り、武士好みの覇気のある様子。地肌は板目肌に地景《じけい》が目立ち、沸が厚くつく。刃文は湾《のた》れに互《ぐ》の目、丁子《ちょうじ》を交えて、刃縁に沸が厚くつき、金筋《きんすじ》・砂流《すなが》しが現れる。

◆**美濃伝**……鎌倉時代中期以降、美濃地方（岐阜県南部）で発生した刀匠集団による鍛法。室町時代の戦国期に急速に発展した。今の岐阜県の関市で鍛刀されたので「関物」とも呼ばれている。戦国武将の多くが関鍛冶の得意先となり、繁栄した。織田信長も美濃伝の刀を贈答品として利用したと伝えられている。数打物《かずうちもの》の傾向があり名刀が少ないといわれるが、斬れ味がよく実用的。
　姿は実用的な反りの少ないものが見られる。地肌は板目に杢目、流れ柾目を交え、沸が白く輝いて見える。刃文は互の目を主体とし、尖り刃を交えて高低に変化がつく場合が多い。帽子は乱れ込んで丸く返り、地蔵帽子と呼ばれるものが見られる。

　——以上、五箇伝は日本刀を勉強しようと思ったときには必ず遭遇する言葉であり、知っておいて損はない。

第5章
日本刀と日本人

日本刀という存在は、たんなる武器にとどまるものではない。特別な思いを寄せ、代々大切に継承された。また、褒美やお守りとして人に贈り、ときに神として崇められたのである。われわれ日本人にとって、日本刀とはいったい何なのだろう…。

誕生祝に贈る「来国次」

日本人にははるか昔から日本刀を贈る風習があった。子供が生まれたとき、成人したとき、独り立ちするとき。

刃物を贈ることはその人との縁を〝切る〟ことを意味するようで縁起が悪いと思われがちだが、本当にそうなら、この風習が延々と続くことはない。代々日本人は、悪運を〝断ち切る〟とか、未来を〝切り開く〟といった思いとともに、自らの「魂」をも込めて、大切な人に日本刀を贈ってきたのである。

寛永一八年（1641）、三代将軍・徳川家光《いえみつ》に、長男・家綱《いえつな》が誕生した。御七夜には、全国の諸大名から、将来将軍となる男子へと、多くの誕生の祝いが贈られた。

『徳川実紀』（一九世紀前半に編纂《へんさん》された江戸幕府の公式記録）によると、尾張大納言《おわりだいなごん》義直《よしなお》卿（家康の九男・徳川義直）からは、「助真《すけざね》太刀」を御所へ。「包平《かねひら》太刀」「長光《ながみつ》刀」「来国次《らいくにつぐ》脇差」を若君へ。

紀伊《きい》大納言頼宣《よりのぶ》卿（家康の一〇男・徳川頼宣）からは、「国宗《くにむね》太刀」を御所へ。「長光太刀」「長光刀」「来国次脇差」を若君へ。

水戸《みと》中納言頼房《よりふさ》卿（家康の一一男・徳川頼房）からは、「来国光《らいくにみつ》太刀」を御所へ。「則次《のりつぐ》太刀」「長光刀」「来国次脇差」を若君へ。

いずれも、目もくらむほどの名刀ばかり。

特に注目したいのが、鎌倉時代後期の備前《びぜん》国（岡山県南東部）長船《おさふね》派の刀匠「長光」、そして、鎌倉時代中期から南北朝時代にかけて山城《やましろ》国（京都府南部）で活躍した来《らい》派の刀匠「来国次」の作刀である。

格式のある名工の作であることは当然のこと、「若君の世が長く光り輝くように」と輝かしい未来を願って「長光」を、「来《きた》るべき国を継ぐ若君へ」という祝いの気持ちを込めて「来国次」が選ばれたのである。

徳川将軍家に伝来する「疱瘡正宗」

鎌倉時代末期から南北朝時代初期に相模《さがみ》国（神奈川県）鎌倉で活躍した、いわずと知れた名工・正宗《まさむね》の作で、静岡県の佐野美術館に、「疱瘡《ほうそう》正宗」という奇妙な号をもつ一振りの太刀が所蔵されている。

徳川家の重臣として長く仕え、江戸城改築などにも功を挙げた、藤堂高虎《たかとら》という武将がいた。家康の信頼厚く、その死去の際には枕元にはべることを許された一人である。

高虎の孫・高久《たかひさ》も、祖父、父と共に徳川家に力を尽くしたが、元禄一六年（1703）に他界した。名刀正宗（のちの疱瘡正宗）は、その遺物として徳川家に献上され、代々受け継がれてきた太刀である。

『御腰物元帳』（徳川将軍家の蔵品目録）によると、享保一三年（1728）四月のある日、当時、正宗を所有していた徳川吉宗《よしむね》の長男・家重《いえしげ》が疱瘡を患った。長いこと苦しんだものの、快癒《かいゆ》し、その祝いとして、吉宗から家重に、この名刀が贈られた。

さらに、宝暦三年（1753）には家重から子・家治《いえはる》（一〇代将軍）へ、文政三年には一一代将軍・家斉《いえなり》から子・家慶《いえよし》へと、疱瘡快癒の祝いとして贈られた。

疱瘡とは、天然痘の別称であり、その感染力・致死率から、悪魔の病気ともいわれていた。現在では撲滅《ぼくめつ》された病気だが、仙台藩主・伊達政宗《だてまさむね》が幼少のときにこれにかかり、右目を失明したのは有名な話である。

当時、徳川家を継ぐ大切な人物がこの恐ろしい病にかかると、代々受け継がれてきた正宗の霊力に、快癒を祈願したのだろう。

このようにして、名刀はさらなる価値をもった名刀となり、今も変わらず敬われ続けているのである。

塩の恩に報いて贈られた「弘」の太刀

「敵に塩を送る」という言葉の由来をご存じだろうか。

永禄一〇年（1567）、甲斐国《かい》（山梨県）の武田信玄は、駿河国《するが》（静岡県中央部）の今川氏との同盟を破棄し、東海方面への進出を企てる。危機を感じた今川氏真《うじざね》は、縁戚関係にあった相模国《さがみ》（神奈川県）の北条氏康《うじやす》の協力のもと、武田領内に塩が入らないよう画策する。

武田氏は、海のない甲斐と信濃国《しなの》（長野県）を領地とするため、塩の入手はもっぱら相模国に頼っていた。そこへ、この仕打ちである。領民は大いに苦しんだ。

この状況を知って心を痛めたのが、信玄の好敵手・上杉謙信《けんしん》だった。頼山陽《らいさんよう》の『日本外史』によると、謙信は信玄に手紙を送り、こう伝えた。

「（今川）氏真と（北条）氏康は塩を閉鎖して貴公（信玄）を苦しめている。これはまさしく不雄不義である。私は貴公と戦っているけれど（川中島の戦い）、この戦いは弓矢をもって戦うのであり、生命に欠かせない塩ではない。ゆえに塩はわが国（越《えち》後《ご》）から得られるがよい」

この逸話から、苦境にある敵を助けることを例え、「敵に塩を送る」といわれるようになった。

さて、この逸話には、後日談がある。

謙信の正義感に感動し、心底感謝した武田氏は、「来国之《らいくにゆき》」の作刀と伝えられる一振りの日本刀を贈った。反りが高く、端正で強靱《きょうじん》な太刀で、茎《なかご》に「弘《ひろ》」と銘が切られている。現在は、重要文化財に指定され、東京国立博物館が所蔵している名刀である。

敵に、武器である日本刀を贈るというのは、少々誇張ではあるが、現代でいえば敵国にミサイルを贈るようなものではないのか。いや、そうではない。武士にとって、日本刀は武器ではあるが、単なる人殺しのための道具ではない。武士の魂の象徴なのだ。

そして、そんな武田家の心にこたえるように、上杉家では、この「弘」の太刀を大切に保管し、長く伝えてきたのである。

第5章　日本刀と日本人

信長が分捕った「義元左文字」

「永禄三年五月十九日義元討補刻彼所持刀 織田尾張守信長」

と、銘の切られた太刀がある。鎌倉時代末期から南北朝時代に、筑前国《ちくぜんのくに》（福岡県北西部）で活躍した刀工・左文字《さもんじ》の作である。

「義元左文字《よしもとさもんじ》」と呼ばれ、三好宗三《みよしそうさん》（政長《まさなが》）から武田信虎《のぶとら》（信玄の父）、そして、今川義元へと渡った。

永禄三年（1560）、桶狭間《おけはざま》の戦いで、織田信長はわずか二〇〇〇の軍勢で、二万五〇〇〇の今川軍に奇襲を仕掛け、大将・今川義元の首級《しゅきゅう》を挙げた。そのとき、信長は義元の太刀を分捕《ぶんど》った。この戦いにより、信長は織田家存亡の危機を脱した。

そして、この勝利がよほどうれしかったのだろう。「義元左文字」に、冒頭の銘を切らせ、いつも身に着けていたという。

天下統一への道をひた走るきっかけとなった戦で手に入れた一振りの太刀に対する信長の思いがうかがえる名刀である。

出征する息子に贈った太刀

これは、戦後、アメリカに流出した日本刀を少しでも日本に持ち帰るために尽力する刀剣商のご主人の体験談である。

いつものように、アメリカに日本刀の買い付けに出かけ、今回の出張では一八振りの日本刀を購入することができた。その中の一振りが、なぜか気になる。錆びついており、どんな日本刀なのかもよくわからないのに、飛行機に乗っている間じゅう、ひと時もその一振りが頭から離れることはなかった。

帰国後、まずその日本刀の手入れを始めた。最初に気付いたのは、「柄《つか》」である。通常は「鮫皮《さめかわ》（エイの皮のこと）」が巻かれているのだが、これは明らかに違う。丁寧に取り外して見てみると、それは戦地に向かう息子に宛てた、家族、親戚《しんせき》からの寄せ書きだった。よく見ると、住所も書かれており、さっそく役所を通じて連絡をとることにした。

事は信じられないほどスムーズに運び、翌日の朝早く、所有者の父、兄弟、親戚の方々がやってきた。

「どうしても早く刀が見たくて、こんな時間に来てしまいました」

と頭を下げる。所有者である息子さんの姿が見えないのは、聞くに及ばないことなのだろう。

ご両親は、息子さんが戦地に赴くときに、家にあった数振りの中から、もっとも素晴らしいと伝わる一振りを選び、持たせたそうである。

そして終戦。紙一枚で息子の戦死を告げられ、遺骨も遺品さえも返ってこなかった。家族は誰一人その死を受け入れることができなかった。母は、息子がいつか帰ってくることを信じたまま亡くなったという。その母の新盆を前にして、息子に持たせた日本刀がアメリカで発見されたとの連絡だったそうだ。

小柄な息子のために短くカットした刀身の切れ端は、今回発見されたものとピッタリ合った。柄に巻かれた寄せ書きにも見覚えがある。確かにこれは息子に持たせたものだと確信し、涙を流しながら、日本刀に手を合わせた。そして、

「この刀を譲ってください。いかほどお支払いしたらよろしいのでしょうか」

と言う父上に、

「お金は結構です。どうぞお持ち帰りください」「いいえ。それは困ります」

そんなやり取りが続いたあと、

「でしたら、そのお金でこの刀を磨いて、きれいな姿にさせてください。この刀は非常に良いものですから」

と提案し、父上も恐縮しながら同意したそうである。ご家族は、研ぎに出す前にいったん刀を家に持ち帰り、亡くなった母上に報告をした。父上は、亡き息子を思いながら、しばらくその刀を抱いて寝たという。

亡き人に贈る「枕刀」

古くから、日本刀は「魔除け」の意味をもつ。『源氏物語』にも、光源氏が悪霊にとりつかれる気配を感じて目を覚ますと、灯も消えてしまって気味悪く思ったので、魔除けのために太刀の鞘《さや》をはらって置いたという一節がある。この時代にも、刀剣に込められた霊力が信じられていたことを物語っている。

現代でも、日本刀のもつ魔除けの力を尊ぶ風習が残っている。

地域や宗派にもよるが、家族や親戚など近しい人を亡くしたことがある方は、故人を安置した布団の上、納棺したあとは柩《ひつぎ》の上に、刀が置かれているのを見たことはないだろうか。これは「枕刀《まくらがたな》」といって、魂の抜けた故人に悪霊が近寄ってこないようにするための〝守り刀〟である。

葬儀社が用意してくれる小刀を使うのが一般的だが、故人が生前大切にしていた愛刀や、誕生のときに授けられた守り刀を枕刀として葬儀で使用されることもある。

人柄も腕も天下一品だった「正宗」

少しでも日本刀に興味のある人なら、「正宗《まさむね》」の名を知らない者はいないだろう。鎌倉時代末期に相模《さがみ》国（神奈川県）鎌倉で活躍した刀匠といわれるが、その経歴には謎が多い。

正宗は、在命中はそれほどの評価を得ておらず、死後、豊臣秀吉によってその名が広まり、諸大名がこぞって正宗を求めた。あまりの人気に正宗の数が足りなくなり、各地で偽物が作られたといわれている。

明治時代には、武将に与える恩賞に困った秀吉が、刀剣の鑑定家・本阿弥光悦《ほんあみこうえつ》と共謀して作り上げた虚構のブランドであり、正宗は実在しなかったという説がささやかれたこともある。

名匠といわれるほどの人物には逸話が多いものだ。正宗にまつわる逸話をもう一つ紹介しよう。

正宗の父も刀匠だった。あるとき父は、京都に修業の旅に出たが、その留守中に火事を出し、家を失う。

正宗と母は、父を捜しに京都に向かうが、その途中、母も死んでしまった。残されたのは、唯一の手がかりである、父の残した日本刀だけ。

父を捜し出せぬまま、正宗は父と同じ刀匠の道に進むこととなった。ある日、師匠・行光が、正宗が大切にしている日本刀にふと目をやると、なんとそれは、自分が鍛えたものであった。父と子は、こうして再会したという。

また、このとき父は、京都で再婚していたのだが、義母となる相手の女は突然現れた前妻の子の正宗に家の財産をとられるのではと心配し、正宗につらくあたった。しかし正宗は、義母が病気で倒れたときには水垢離《みずごり》をして快癒を祈り、暴徒に襲われた義母をかばって背中を斬られたこともあったといわれている。

これらの逸話のほとんどは、後世の人間が作った作り話とする説もあるが、たとえそうであっても、伝え聞く逸話は正宗を讃える話ばかり。努力と親孝行の人であったのは間違いなさそうだ。

斬れ味のみを追求した「村正」

伊勢国《いせ》（三重県）で活躍した刀匠。「村正《むらまさ》」を名乗ったのは一人ではなく、室町時代から江戸時代初期までの間に、三代は続いていたとみられる。190ページでくわしく紹介するが、徳川家を祟《たた》る妖刀村正の逸話は有名だ。

村正は、優れた斬れ味のみを追求し、実用的な作刀を得意とした。この村正と、前項の正宗とにまつわるエピソードを紹介しよう。

正宗は自分の鍛えた刀と村正の鍛えた日本刀を上流に刃を向けて小川に突き立てた。そこに、上流から流れてくる一枚の木の葉。木の葉は、正宗の刀を避けるように流れ、村正の刀に吸い寄せられていく。そして、村正の刀の刃に触れ、葉は真っ二つに斬り裂かれた。正宗は、

「せせらぎの流れに漂う葉を、触れただけで斬り裂いてしまう斬れ味は見事だが、それだけでは真の名刀とはいえない。刀はただ斬れればよいのではない。悪を切らずに遠ざけるのが名刀なのだ。刀を鍛えることは魂を吹き込むこと。斬れ味のみにこだわると、それは邪気となって刀に宿る。そして、その刀は斬らなくてもいいも

のまで斬り裂き、血を求める妖刀になるのだ」

と、村正を諭したが、村正は、

「斬れることこそ刀の真髄」

と言い残し、正宗のもとを去った。

そもそも二人の活躍した時代は重なっておらず、この逸話は後世に創作されたものらしい。しかし、村正と正宗、二人の刀匠の特徴をよく表した逸話である。

刀好きが高じて自ら槌を振った「後鳥羽上皇」

壇ノ浦の戦いで入水《じゅすい》した安徳《あんとく》天皇の跡を継ぎ、八二代天皇となった後鳥羽《ごとば》天皇は、四歳で皇位につき、一九歳で退位して上皇となり、院政を行った。文武両道で、あらゆる面で天才的な才能を有していたといわれている。

特に、刀剣を好み、全国から優秀な刀匠を集め、御番鍛冶《ごばんかじ》制度を設けた。この制度によって、豊後国行平《ぶんごのくにゆきひら》、備前福岡一文字則宗《びぜんふくおかいちもんじのりむね》など、当代一の刀匠によって、多くの名刀が生み出されたという。

また、後鳥羽上皇自身でも刀を鍛え、武士への褒賞《ほうしょう》として与えていた。これは単なる趣味というだけでなく、鎌倉幕府倒幕の準備だったと考えられる。

「節刀《せつとう》」という言葉があるが、これは、天皇が出征する将軍に下賜《かし》し全権を委任するしるしとした刀のこと。後鳥羽上皇は、諸国の武士に「節刀」を授け、時が来たら共に戦ってほしいという思いを伝えたのかもしれない。

上皇が鍛えた太刀には菊花紋章が刻まれ、わずかに現存するこれらの太刀は、今日では「菊御作《きくごさく》」と呼ばれている。

伝説の刀匠「天国」

「天国《あまくに》」は、奈良時代、もしくは平安時代に活動したとされる刀匠。「日本刀の祖」と称されるが、銘の入った作品が発見されておらず、伝説的な存在として伝えられている。53ページで紹介した「小烏丸《こがらすまる》」の作者ともいわれるが、先に紹介したとおり、小烏丸の来歴も不思議な逸話に飾られており、天国自身も謎に包まれた人物である。

東京の江東区にある亀戸天神社に、天国の作と伝えられる宝刀がある。「豪雨を呼ぶ刀」といわれる不思議な一振りだ。

江戸のころ、代々亀戸天神社の神職を世襲してきた社家の出身で、のちに本屋宗《ほんやそう》七《しち》と名乗った戯作者《げさくしゃ》がいた。

宗七は、吉原通いが過ぎて有り金を使い果たし、一計を案じる。亀戸天神社の宝蔵に天国の宝刀があることを思い出し、これを質に入れ、吉原遊びの資金にしようと考えたのだ。よく知り尽くした宝蔵である。宝剣の在り処《あか》も心得ているから、忍び込むことさえできれば成功間違いなしと、ほくそ笑んだ。

町中が寝静まったある晩、宗七は動きだした。門番もおらず、やすやすと宝蔵に忍び込むことに成功し、宝剣天国を盗み出す。天国を抱えて神社を出ると、突然雨が降りだした。

みるみるうちに雨は激しさを増し、耳をつんざくほどの雷鳴が轟《とどろ》く。宗七は、宝剣を抱えたまま業平橋《なりひらばし》に立ちすくんだ。「これは神罰に違いない」と、恐怖に震えながら来た道を引き返し、天国を宝蔵に戻した。

現在は、一般公開はされていないが、年に一度の宝蔵整理でこの天国を動かすと天気が急変するなどと、まことしやかに伝えられている。

多くの国宝を残した刀匠たち

◆**粟田口吉光**［あわたぐち・よしみつ］

鎌倉時代中期、京都で活躍した刀匠。通称を藤四郎《とうしろう》吉光といい、78ページの「骨喰《ほねばみ》藤四郎」、86ページの「一期一振」の作者であり、短刀作りの名手といわれている。織田信長や豊臣秀吉など、権力者に人気があったため、本能寺の変、大坂夏の陣で焼身（熱を受けて刃文がなくなってしまった状態）になったものが多い。焼身となったものは、越前《えちぜん》国（福井県北部）・武蔵《むさし》国（東京都・埼玉県）の刀匠・越前康継《やすつぐ》の手によって焼き直され、その姿を今に残すものも多い。

現在、短刀四振り、剣一振りが、国宝に指定されている。

◆**新藤五国光**［しんとうご・くにみつ］

鎌倉時代後期、相模《さがみ》国（神奈川県）で活躍した刀匠。その作風は、寸分のくるいも許さない、澄み切った感性がある。

「新藤五」の名は、前出の藤四郎吉光（粟田口吉光）に敬意を払い、後から現れた

「新」たな「藤」の「五」郎と、見立てたのであろう。

国宝に指定されている三振りの短刀のうちの一つ「会津新藤五」は、国光の最高傑作といわれる。信長、秀吉に仕え、会津を領有していた武将・蒲生氏郷《がもううじさと》の愛刀であったことから、この名が付いた。

◆**正恒**［まさつね］

備前《びぜん》国（岡山県南東部）は、日本最大の刀剣産地として知られる。中でも、平安後期から鎌倉時代にかけて活躍した刀工集団を「古備前派」と称し、正恒は古備前派を代表する刀匠である。

五振りの国宝を含む現存の作品は、すべて太刀。多くは細身、鋒《きつさき》が小さくて反りの高い、平安時代特有の姿をしている。「古雅」と評されるものが多い。

◆**福岡一文字吉房**［ふくおかいちもんじ・よしふさ］

備前国を流れる吉井川流域では良質な砂鉄が採れたため、古くから盛んに刀鍛冶が行われた。さまざまな刀匠集団ができ、その中でも備前鍛冶の主流であった一文字派の一人が、吉房である。

国宝「岡田切《おかだぎり》」は、織田信長の子・信雄《のぶかつ》が所持し、小牧長久手の戦いの際、信雄の家老・岡田助三郎が豊臣秀吉に内通したと疑い、この太刀で岡田を切ったという伝説から命名された。

この岡田切を含め、五振りの太刀が、国宝に指定されている。

◆備前長船長光［びぜんおさふね・ながみつ］

備前長船派を代表する鎌倉時代後期の刀匠。57ページの「大般若長光」、95ページの「物干し竿」の作者で、六振りもの作品が国宝に指定されている。

長光作といわれるが、現存しないため詳細不明の太刀がある。「小豆《あずき》長光」と呼ばれ、上杉謙信が所有していた。

その名の由来が面白い。ある日のこと。上杉謙信の家臣がみすぼらしい身なりの男を見かけた。小豆《あずき》の入った袋を背負い、腰には鞘《さや》の割れた刀を帯びていた。小豆袋には穴があいているようで、歩くたびにぽろぽろと小豆がこぼれているが、なんだか様子がおかしい。よく見ると、袋からこぼれた小豆は鞘からむき出しになった刃にあたり、次々と真っ二つに切れていく。驚いた家臣は男から刀を買いあげて、謙信に献上したという。

川中島の戦いで、武田信玄の本陣に単騎で切り込んだときに持っていたのが、この小豆長光ともいわれている。

◆備前三郎国宗〔びぜんさぶろう・くにむね〕

国宗は備前国の刀匠で、先に挙げた「一文字派」や「長船派」と系統を異にする「直宗派《なおむね》」である。

のちに鎌倉幕府に召されて鎌倉鍛冶の開拓者の一人となったが、故郷である備前のことが忘れられなかったのだろう。その作風は備前伝そのもので、華やかな刃文が特徴である。

島津家に伝来し、鹿児島照国《てるくに》神社に奉納された太刀をはじめとして、四振りが国宝に指定されている。

刀を磨いて人の道を磨く、一流研ぎ師

「金象嵌銘城和泉守所持　正宗磨上本阿（花押）」

これは、ある日本刀の茎《なかご》に切られた銘だが、「この日本刀は、刀剣を鑑定する本阿《ほんあ》

弥《み》家の者によって『正宗作』と鑑定されたものだ」ということがわかる。ポイントは「金象嵌銘」の文字で、これは「銘が金象嵌《きんぞうがん》になっている」というしるしである。

金象嵌とは、線彫りにした溝に金を埋め込む技法で、研《と》ぎ師であり日本刀の鑑定家でもあった本阿弥家が行った。大磨《おおす》り上《あ》げ無銘（刀を短くしたため銘がなくなったもの）には金象嵌、生《う》ぶ無銘（作られた当初から銘が切られていないもの）には朱《しゅ》を使い、本阿弥家が鑑定し定めた刀匠の銘を、茎に入れたのである。

本阿弥家は日本刀の鑑定書「折紙《おりがみ》」を発行することでも知られ、代々、刀剣の「研ぎ」「拭《ぬぐ》い」「鑑定」の三業を家業としてきた。遠い祖先に菅原道真をもつ、由緒正しい家系だ。

その本阿弥家の一人で、書や陶芸に精通し、芸術家としてマルチな才能を発揮した光悦《こうえつ》については、こんな話も伝えられている。

光悦は、人を斬ることを目的とした刀は研がない主義であった。弟子によれば、「日本の刀は人を斬るために鍛えられているのではない。御代《みよ》を鎮《しず》め、世を護《まも》りたまわんがために、悪を払い、魔を追うところの降魔の剣であり、また、人の道を研《みが》き、人の上に立つ者が自らを誡《いまし》め、自らを持するために、腰に帯びる侍の魂である」というのがその理由だそうだ。

現代も、ただ斬れることだけを目的にした研ぎ師はいない。「それぞれの刀がもつ魅力を最大限に表すこと、刀剣に宿る精神や魂を感じ、理解し、後世に伝え遺していくことが自分の役割だ」というベテラン研ぎ師の言葉が、それを物語っている。

日本刀に魅せられた西洋の刀匠たち

◆日本に戻ることを夢見た「キース・オースチン延平」

長野県坂城町《さかきまち》に工房をもつ、人間国宝・宮入行平《みやいりゆきひら》に弟子入りし、修業に励んだアメリカ人の刀匠キース・オースチン延平は、正式に作刀認可を受けた唯一の外国人だった。

1965年から、著名な刀匠の下で五年間熱心に修業し、文化庁の作刀承認を受けて、刀匠になる。師匠の一字を取って「延平」と名乗った。

1971年にアメリカに帰国後、音信が途絶え、1997年に六二歳で死亡したが、その間、母国でもひたむきに刀を作り続けた。

「外に出ない部分も丁寧で入念な仕事ぶり」という評価を得るが、自身の納得できない作品は壊す完全主義者で、残る作品は少ない。

死後、オースチンの自室から、日本行きの航空券が発見されたという。

◆日本びいきの「テールデニー」

明治から昭和にかけて活躍した、宮内省御用刀工の一人・桜井正次《さくらいまさつぐ》の弟子として、刀鍛冶を学んだアメリカ人がいる。名前はジョージ・チルデン。刀匠名として作刀に切った銘は「テールデニー」。

アマテラスオオミカミの刺青《いれずみ》を腕に入れ、正月には羽織袴を着て伊勢神宮を参拝するほどの、日本好きだったという。

毎月アメリカから大金が送られてくる金持ちのぼんぼんで、吉原遊びが鍛冶仕事の次にお気に入りだった。吉原の女性たちの身の上話を聞いては気の毒になり、何人もの女性を自宅に引き取っていたという。

家にいたのはそんな女性ばかりでなく、なんと、熊や猿も飼っていたという、じつに奔放な男だった。

しかし、テールデニーの日本好き、日本刀好きは相当なもので、いつしか日本に永住したいと願っていた。しかし、永住するには家屋敷が必要になる。そのために土地を購入するとなると、日本に帰化しなければならない。泣く泣く日本永住をあきらめて、日露戦争勃発《ぼっぱつ》を前に、アメリカに帰国した。

そのとき、自らの形見と称し、一振りの短刀を愛人に残していった。古刀時代のものによく似ており、なかなかの出来栄《ば》え。「テールデニー」の銘がきれいに切られていた。

◆各国にファンを持つ「パベル・リハチェク」

チェコの片田舎に、日本刀に魅せられた鍛冶職人がいる。

パベル・リハチェクは、少年時代に見た黒澤明監督の映画『七人の侍』に影響を受け、鍛冶職人を目指した。刀剣類全般の製作を手がけながら、本や雑誌で日本刀に関する資料を集め、独学で日本刀を学び、製作に乗り出した。

2001年には、福岡県の刀匠の元に招かれ、研修を受けている。

「日本の伝統的な製造法を完璧に踏襲し、完全な日本刀を製作すること」を目指し、鋼《はがね》の素材にも徹底的にこだわっているそうだ。

フランス、ドイツなどにも彼のファンが多く、常に予約待ちの状態。日本刀の研究家からも「極めて高い水準に到達している」と評価されるほどの腕前だ。

◈備前長船に魅せられた「ピエール・ナドー」

カナダのモントリオール大学ビジネス学校に通うピエール・ナドーは、2006年、刀鍛冶の世界に飛び込んだ。奈良県に鍛冶場を構える刀匠・清田次郎國悦《きよたじろうくにえつ》氏に入門を許可されたのだ。

ピエールと日本刀との出会いは、四年ほど前にさかのぼる。書店で何げなく手に取った『宮本武蔵』の翻訳本が、最初のきっかけだ。その面白さに引き込まれ、あっという間に読み終えた。

その後、英会話講師として日本にやってくるのだが、夢中になって読んだ『宮本武蔵』の一節「備前《びぜん》の刀は素晴らしい刀だ」という言葉を思い出す。インターネットを使っていろいろ調べ、備前長船《おさふね》の刀剣博物館で、刀匠・川島正城《まさき》氏の仕事を見学させてもらうと、すっかり刀鍛冶に魅了されてしまった。

五年半の修業ののち、母国カナダのモントリオールで、日本刀やたたらの文化を広めていく活動をしている。

日本刀一問一答・其の二

問 明治維新の廃刀令で押収された刀剣類の行方は？

答 まず、誤解しやすいところだが、天正一六年（1588）に豊臣秀吉が行った刀狩りと違って、明治維新の廃刀令は、大礼服着用者・軍人・警官以外の「帯刀を禁止」した法令であり、刀剣類を取り上げることではなかった。
しかしながら、廃藩置県によって禄《ろく》を失った元武士たちは、生活苦のために質に入れたり、外国人に売るなどして、日本刀を手放す者が多かったようだ。

問 戦後、アメリカに押収された日本刀はどうなった？

答 昭和二〇年（1945）、連合国軍から「軍の武器のみならず、国内の日本刀を含むあらゆる武器を一定の場所に集めていつでも連合国軍に引き渡しうるように処置せよ」という命令が下り、集められた日本刀は数十万本にのぼったともいわれている。

その後、「善意の日本人が所有する骨董的価値のある刀剣は、審査のうえで日本人に保管を許す」と改正された。しかし、返還されるまでに集められた日本刀は、ガソリンをかけて焼かれたり、海に投げ込まれたり、また、戦利品として米国に持ち去られるなどの、さんざんな扱いを受けた。

アメリカに流出した日本刀は、全米一の愛刀家で有名な刀剣コレクターとして知られるコンプトン博士をはじめ有志によって発見され、近年になって日本に里帰りしているものも多くある。

問　今も日本刀は作られているの？

答　現在、公益財団法人日本美術刀剣保存協会には三五〇名ほどの刀匠が登録されているが、そのすべてが日本刀を作っているということはない。刀鍛冶という技術だけで生活できる刀匠となると、三〇名前後といったところではないかといわれるが、そういう素晴らしい名工たちの手で、今も日本刀は作られている。

明治の廃刀令などで需要が減り、日本刀を作ることをあきらめた刀匠も少なくないが、日本刀以外の鍛冶職人に転向し、その末裔《まつえい》が今も一流の職人として活躍しているケースもある。江戸の有名な刀匠であり、現在は鉋《かんな》の名工として知られる石堂家などはその代表だろう。

問 蔵から日本刀が出てきたらどうする？

答 まずは、収納袋などに「銃砲刀剣類登録証」が入っていないかよく探してみる。「鑑定書（日本美術刀剣保存協会発行など）」が見つかることもあるが、これは登録証ではない。

登録証が見つかったら、都道府県の教育委員会に所有者変更届を提出する。見当たらないときは、最寄りの警察署に届け出る。どこで発見したのかなどの確認を終えると、「発見届／発見届出済書」が交付される。

次に、そのほか必要な書類と発見された刀剣を持って、教育委員会が実施する登録審査会に参加する（日時は各都道府県によって違うため、確認すること）。そこで、教育委員会から委任されている鑑定の先生による判定が行われ、登録証が発行される。

ただし、登録の対象となるのは、武用または鑑賞用として、伝統的な日本刀の製作方法によって鍛錬《たんれん》、焼き入れされたもの。伝統的な製法以外の方法で作られた軍刀や、国外で製作された剣などは登録対象にはならない。

問 刀匠になりたい

答 刀鍛冶になるためには資格をもった刀匠について四年以上修業し、毎年一回行われる文化庁主催の「美術刀剣刀匠技術保存研修会」を受講し、修了しなければならない。この研修会は、作刀技術を見極める実地試験のようなものであり、技術が未熟と判断されればその場で受講停止、翌年再受講しなければならない。

研修会は八日間かけて行われ、脇差《わきざし》を一振り作ることが課せられる。無事受講を修了し、作刀許可をもつと、晴れて刀匠となる。

問 刀匠の修業って厳しいの？

答 前項の、研修会を無事終了することも大変だが、それ以前に、刀匠を目指す最大の難関は「弟子入り」である。

刀鍛冶の多くは、弟子を採るほど経済的に余裕がない場合が多く、また責任の重さから弟子の採用に関しては消極的な人がほとんどだ。したがって、よほどの熱意がなくては、入門は叶《かな》わない。

なんとか弟子入りすることができたとしても、修業はとても厳しく、途中でやめる者も少なくない。まず、収入はゼロと覚悟したほうがいい。ゼロならまだいいが、月謝制のところさえある。刀を作ることができないうえに、教えてもらう立場なのだから、当然といえば当然だ。

修業の内容は親方によってまったく異なるが、ある親方に弟子入りした者によると、入門後三年間は、炭きり（鍛錬用、火造り用、焼き入れ用に、炭を切ること）や掃除、見学が主な仕事。その後親方の下仕事を与えられるようになり、徐々に仕事に慣れていく。

そのほか、日本史、漢文、古文、科学、礼儀作法、掃除。住み込みなら、食事や洗濯まで、覚えることは、山ほどある。

第6章 怪刀伝説

日本刀には伝説がつきものだ。化け物が鍛えた刀、幽霊を斬った刀、持ち主の命を守る刀…。日本刀のもつ妖しいまでの魅力を考えると、そんな出来事が本当にあったのかもしれないと思えてくる…。

不気味に笑う幽霊を斬った！

にっかり青江

◆にっかりあおえ

江州《ごうしゅう》蒲生郡八幡山《がもうぐんはちまんやま》（滋賀県近江八幡市）一帯を、中島某《それがし》と呼ばれる領主が治めていたころの話。

町はずれに、夜ごと不気味な化け物が出るという噂が流れていた。

「それは領主として放ってはおけぬ。退治してくれるわ」

と言って、領主は自慢の一振り、備中青江《びっちゅうあおえ》（岡山県倉敷市）の太刀を腰に佩《は》き、颯爽《さっそう》と化け物退治に出かけていった。

真っ暗な夜道を用心しながら歩いていると、前方から何やら怪しい気配を感じた。目を凝らすと、道の先から子供を抱いた女がやってくる。領主のすぐそばまでやってくると、女は子供をおろしてにっこり笑いながら、

「さあ、お殿様に抱いてもらいなさい」

と言い、子供はよちよちとこちらに向かって歩いてきた。背筋がスーッと冷たくなって、全身が粟立《あわだ》つ。「これが噂の化け物に違いない」と確信した領主が、近づいてくる子供の首を青江の太刀で薙《な》ぎ払うと、その姿はふーっと消えてなくなった。

すると、今度は女が、

「私も抱いて」

と、にっこり笑いながら近づいてきた。

「おのれも化け物か」

と、返す刀で薙ぎ払う。すると、女の姿も霞《かすみ》のごとく消えてなくなった。

翌朝、領主は昨晩化け物を斬った場所へと行ってみた。そこには女・子供の死体はなく、道のはずれに、上部がスパッと斬り落とされた、苔《こけ》むした墓石が立っていた。

この出来事から、女性の不気味な微笑みにちなんで、この太刀を「にっかり青江」と呼ぶようになったという。

――これは、『享保名物帳《きょうほうめいぶつちょう》』の中で語られた逸話であるが、ほかにもにっかり青江の由来となるエピソードはいくつか伝えられている。いずれも「にっこり微笑む女」が登場する点は、共通している。

その後、柴田勝家《かついえ》から子の勝敏《かつとし》へ、さらに、丹羽長秀《にわながひで》から豊臣秀吉、京極高次《きょうごくたかつぐ》へと伝わり、現在は、重要美術品に認定されて、香川県の丸亀市立資料館が所蔵している。

ちなみに、『享保名物帳』とは、享保年間に八代将軍・吉宗が、刀剣鑑定家の本阿《ほんあ》弥《み》家に命じて、世評の高い古今の太刀・刀を選定させ、その特徴や由来を記録した一覧表である。これに載っている刀剣を「名物」と呼び、その数二四八振り。幕末には二五振り追加されている。

夢に現れる美しい姫君は…

姫鶴一文字◆ひめづるいちもんじ

越後《えちご》（新潟県）の虎・上杉謙信《けんしん》が、一振りの太刀を手に入れた。茎《なかご》には「一」の文字しか切られておらず、作者はわからないが、品よく美しい。しかし、どうにも長さが中途半端で具合が悪い。そこで、馬上で扱うのにちょうどよい長さに磨《す》り上げる（短くする）ことにした。

上杉家の腰物係《こしものがかり》（刀剣管理役）から磨り上げを命じられた研ぎ師は、「謙信公からお預かりした大切な太刀。何かあったら一大事」と、その夜は太刀を寝床に持ち込んで抱いて寝た。

研ぎ師は夢を見た。美しい姫君が、こちらをじっと見据えながら、

「どうか私を切らないでください」

と、涙ながらに懇願《こんがん》している。夜が明けて、研ぎ師は、

「おかしな夢を見たものだ。あの姫君は、ひょっとするとこの太刀か。いやいや、まさか。でも、やはり……」

納期までにはまだ日があることを理由に、その日の磨り上げの作業は中止した。そして、その日の夜も、太刀を抱いて眠ることにした。すると、またも夢の中に、昨夜の姫君が現れた。

「どうか私を切らないでください」

「そなた、名は何と申す」

「鶴《つる》と申します」

そう言うと、姫君は消えていった。二晩も続けて同じような夢を見たとなれば、知らぬ顔して磨り上げることはできない。腰物係のところに行って、夢の出来事を話して聞かせた。半信半疑の腰物係だったが、ものは試しと、その晩、太刀を抱いて寝てみることにした。するとやはり、夢の中に美しい姫君が現れて、

「どうか私を切らないでください」

と言うではないか。これはただ事ではないとして、磨り上げは中止となった。そして、姫君の名にちなんでこの太刀を、「姫鶴一文字」と呼ぶようになったという。

現在は、重要文化財に指定され、山形県米沢市の上杉博物館が所蔵している。

宗近の前に、気高き童子が現れて…

小狐丸◆こぎつねまる

平安時代中期の古い話である。時の帝が、
「京の三条に住む宗近《むねちか》という刀鍛冶に太刀を打たせよ」
と勅命《ちよくめい》を出した。大役を仰せつかった宗近だが、どうしても満足のいく太刀が打てなかった。困り果てた宗近は、氏神として信仰していた伏見の稲荷《いなり》明神に、足を運んだ。

その途中、宗近は、気高い雰囲気をもった不思議な童子に出会った。童子は、
「あなたの悩みはすべてわかっています。私が力を貸しましょう。次に帝の太刀を打つときには、私が相槌《あいづち》を務めます」

そう言って雲に飛び乗り去っていった。それは、狐を使者とする稲荷の氏神の化身だった。

それから数日後、身を清め、注連縄《しめなわ》を張って鍛冶を始めると、約束のとおり、あの童子がどこからともなく現れて、見事なさばきで相槌を振るった。

第6章　怪刀伝説

「相槌」とは、親槌と呼ばれる刀匠を補佐し、相対して槌を打ち下ろすこと。補佐とはいっても、相当な技術を必要とする。

こうしてできあがった太刀は見事な出来栄えで、これなら胸を張って帝に献上できる名刀だった。

茎《なかご》の表には「小鍛冶宗近」、裏には「小狐」の銘が切られた。宗近は稲荷明神に感謝しながら、謹んで「小狐丸」と名付けたという。

さて、この小狐丸とよく似た名前の太刀で、「狐丸」と呼ばれるものがあった。人によってはこの二つは同一の太刀ともいい、人によっては別物ともいうが、この狐丸にまつわる逸話を紹介しよう。

長野県長野市のあるりんご畑の中に、古い五輪塔が立っている。これは「狐丸塚」とも呼ばれ、武田信玄に仕えた小笠原若狭守長詮《おがさわらわかさのかみながのり》の家臣・桑山茂見《くわやましげみ》の墓と伝えられている。茂見は、川中島の戦いで、主君・長詮を逃がすために、長詮の鎧兜《よろいかぶと》と愛刀・狐丸を身に着け、身代わりとなって討ち死にした。

合戦後、散乱している亡骸《なきがら》と武具を集めて塚を築いたところ、夜ごと塚に狐が集まり鳴き騒ぐ。不審に思い塚を掘ってみると、茂見が最後に持っていた狐丸が見つかったという。以来、この塚は狐丸塚と呼ばれるようになったといわれている。
小狐丸も狐丸も、現在所在不明である。

疵だらけの太刀を無数の蛍が取り囲むと…

蛍丸

◆ほたるまる

「蛍丸」は、南北朝時代に、南朝方として戦った肥後国《ひご》（熊本県）の武将・阿蘇惟澄《あそこれずみ》の愛刀だった。作者は鎌倉時代後期、山城国《やましろ》（京都府南部）で活躍した刀匠・来国俊《らいくにとし》。刀身三尺三寸四分五厘（約101㎝）の大太刀である。

建武三年（1336）、本州で敗退し、巻き返しを図って九州上陸を目指す足利尊氏《たかうじ》を、惟澄らが迎え撃った。しかし、尊氏の猛攻の前に敗走する。このときの戦いで惟澄が振るったのが、後に蛍丸と呼ばれた大太刀だった。

激しい戦いで、刃こぼれだらけの大太刀を持って、なんとか阿蘇の居館にたどり着いた。

その晩、惟澄は何百匹もの蛍が疵《きず》だらけの大太刀に集まる夢を見た。淡く青白い光が愛刀を取り囲み、光っては消える。

目を覚ました惟澄が、太刀を鞘から抜いてみると、なんと刀身の疵がきれいになくなっているではないか。この不思議な出来事により、この大太刀は、蛍丸と呼ばれるようになったといわれている。

また、別の逸話もある。

どういう経緯をたどったか、蛍丸は高千穂《たかちほ》の領主・三田井《みたい》家に渡っていた。その三田井家落城のときの話である。

城が落とされ、生き残った武士が、三田井家の幼い姫君を連れて、夜の山道を逃げていた。振り返れば、追っ手はすぐそこまで迫ってきている。二人は隙《すき》を見て、茂みに身を潜めた。

しかしそのとき、武士の腰に下げていた太刀が、ぼーっと青白い光を放った。追っ手に見つかり、「もはやこれまで」と、武士は姫君と共に自刃して果てたという。

哀れに思った村人たちは、二人を手厚く葬り、祠《ほこら》を立てた。それが、今に続く恵《え》良《ら》八幡神社（宮崎県五ヶ瀬町）の始まりといわれている。

その後、蛍丸は阿蘇一族の元に戻り、阿蘇神宮に奉納され、国宝に指定されたが、第二次世界大戦後に紛失し、現在も所在不明である。

主人の腹だけは決して斬らない…

薬研藤四郎◆やげんとうしろう

三管領の一つである畠山《はたけやま》家の畠山政長《まさなが》と、その従兄・畠山義就《よしなり》の家督《かとく》争いに端を発し、戦が始まった。応仁元年（1467）から一一年続いた応仁の乱である。この戦を機に、日本は戦国の世に突入していくことになる。

さて、この乱を引き起こした畠山政長は、義就との戦いに敗れた。潔く切腹しようと取り出したのが、のちに「薬研藤四郎《やげんとうしろう》」と呼ばれる短刀・藤四郎吉光である。鎌倉時代中期、京都の粟田口《あわたぐち》で活躍した短刀作りの名手・粟田口吉光（通称・藤四郎）の作である。

政長は、覚悟を決めて短刀を腹に突き立てた。ところが、ぷすりとも刺さらない。何度やっても刺さらない。

「いざというときに役に立たない。このナマクラめ！」

怒って短刀をぶん投げた。短刀は、部屋の隅に向かって一直線に飛んでいき、そこに置いてあった鉄製の薬研（薬草を磨り潰《す》す道具）をブスリと突き通して止まった。それを見ていた周りの者たちは、「この短刀は、主《あるじ》の命を自ら絶つことをためらったのに違いない」と感嘆した。以来この短刀は「薬研藤四郎」と呼ばれることになった。

また、諸大名の間でも、「粟田口吉光の短刀は、斬れ味は抜群だが主人の腹は斬らない」「守り刀に最適」と評判になり、こぞって吉光を求めたため、数が足りず無銘の短刀に「吉光」と偽銘を切ったニセモノも出回るほどだったという。

主を守った薬研藤四郎の所在は、現在不明である。

いったい何を圧し切った?

圧し切り長谷部◆へしきりはせべ

数ある日本刀の中でも、織田信長は「圧し切り長谷部」が特にお気に入りだったらしい。作者は南北朝期の刀匠・長谷部国重《くにしげ》。元は相州鎌倉の鍛冶であったが、鎌倉幕府の滅亡後は京都五条に移住し繁栄した長谷部一派の一人である。

「圧し切り」とは、上から振り降ろして叩き斬るのではなく、ギュッと押しつけるように切ることで、この太刀の斬れ味の鋭さは、容易に想像できる。

では、いったい何を〝圧し切った〟というのだろうか。

あるとき、観内《かんない》という茶坊主が、何やら無礼なことをしでかして、信長の逆鱗《げきりん》に触れた。癇性《かんしょう》な信長は、即刻手討ちにしようと太刀を手に取った。茶坊主・観内は城内を逃げ回る。そして、台所のお膳をしまう膳棚の下の隙間《すきま》に潜り込み、体を丸めてぶるぶる震えている。追い詰めた信長だったが、これでは太刀を振り降ろすことはできない。そこで太刀を、棚板と茶坊主の間に差し込んでギュッと押すと、それだけで茶坊主の胴は真っ二つになった。

こうして国重の太刀は「圧し切り長谷部」と呼ばれるようになったという。現在は、国宝に指定され、福岡市博物館に所蔵されている。

スルッと鞘から抜け出して…

抜丸◆ぬけまる

「抜丸」は、平安時代中期に活躍した伯耆国《ほうき》（鳥取県西部）の刀匠・大原真守《おおはらさねもり》の作といわれる、平家伝来の名刀だ。

もともとは、伊勢国《いせ》（三重県）に住むある貧しい男のものだった。そのころは特に呼び名はなかったが、伊勢大明神のお告げによって授けられたもので、これを持って猟に出れば、決して獲物を逃がすことはないという、不思議な力をもった太刀であった。

あるとき、男はこの太刀を大木に立てかけて眠っていた。気が付けば、大木はなぜかすっかり枯れ果てている。この奇妙な出来事から、男の太刀は「木枯《こがらし》」と名付けられたという。

この不思議な噂を聞きつけた伊勢守・平忠盛《ただもり》は、男から木枯を買い取った。ある日忠盛が六波羅池殿《ろくはらいけどの》で昼寝をしていると、近くの池から大蛇が現れて、忠盛に襲いかかってきた。すると、そばにあった木枯がひとりでに鞘《さや》から抜けて、大蛇に斬りかかった。恐れをなした大蛇は、いったんは池に戻っていったが、再びやって来て忠盛を飲み込もうとする。すると木枯は大蛇の頭をスパッと斬り落とし、鞘に納まった。ここから、木枯改め「抜丸」になったということだ。

抜丸は、さらに平治の乱でも活躍している。当時は忠盛の子・三河守頼盛《よりもり》が所持しており、兜をとらえた敵の熊手の柄を、この太刀で打ち切って命拾いしたという。

徳川家を祟る妖刀

村正《むらまさ》◆

「いったん鞘《さや》から抜くや、血を見ずには収まらない」

これは、かの有名な「村正」を語るときに使われる言い回しだが、実際村正は、恐ろしいまでの斬れ味をもっていたといわれている。5章158ページで述べたように、村正を、川上に刃を向けて小川に突き立てると、流れてきた落ち葉が刃に当たってスーッと切れたなどという話もある。

さて、そんな村正がこれほどまでに有名になったのは、徳川家との因縁に起因する。

犠牲者① 松平清康《きよやす》（徳川家康の祖父）

天文四年（1535）、尾張の織田攻めの途中で起こった事件である。清康の家臣・阿部定吉《さだよし》が、息子・正豊《まさとよ》にもらした。

「清康殿に対する逆心の嫌疑で処刑されるかもしれない」

無実の罪で父が殺されるかもしれない、そんな話を聞いて、正豊は気が動転したのだろう。その直後に起きた他愛もない騒動を、父の処刑と誤解し、逆上した。厩《うまや》から馬が逃げ出しただけのことだったのだが、その事実を確かめもせず、清康を、背後から村正で斬りつけた。右肩から左脇にかけて一直線の袈裟掛《けさが》けで、清康は間もなく死亡した。

犠牲者② 松平広忠《ひろただ》（家康の父）

広忠の死因には諸説あるが、『岡崎市史』によれば、天文一四年（1545）、乱心した家臣・岩松八弥《はちや》に、村正の脇差によって暗殺された。異説では、岩松八弥に腰を刺され、その四年後に死亡した。

犠牲者③ 徳川家康

駿河国《するが》（静岡県中央部）で今川氏の人質となっていた家康は、村正の小刀で手に怪我《けが》をした。

犠牲者④ 岡崎三郎信康《のぶやす》（家康の長男）

信康の妻で、織田信長の娘・徳姫《とくひめ》は、信康の母・築山殿《つきやまどの》との折り合いが悪かった。そこで、信康と築山殿を陥れるような手紙を父・信長に送り、それを見て逆上した信長によって、信康は自刃に追い込まれる。その介錯《かいしゃく》に使われたのが、村正だった。信康は、家康が跡継ぎと考えていたほど目をかけていた。

犠牲者⑤ 徳川家康

慶長五年（１６００）、関ヶ原の戦いで、敵の兜《かぶと》を貫き疵《きず》一つつかなかったという村正の槍《やり》を見ていたところ、手をすべらせて指を怪我した。

――これだけの不運に見舞われた家康は、村正を憎み、恐れ、徳川家の禁忌《きんき》とした。その逆に、反徳川の大名たちは、密かに村正を収集していたというから、面白いものである。

怪しい刀鍛冶の正体は…

百足丸◆むかでまる

土佐国安芸郡《とさのくにあき》（高知県室戸市吉良川町）の御田八幡宮《おんだはちまんぐう》に古くから伝わる名刀があった。「百足丸《むかでまる》」と呼ばれる、祭式に欠かすことのできない宝刀だ。この百足丸には奇妙な伝説が残っている。

鎌倉時代末期、相模国《さがみ》（神奈川県）鎌倉では、かの有名な刀匠・正宗がその腕を振るっていた。時を同じくして、その正宗の打つ日本刀に、いつも危うい思いをさせられていた化け物がいた。化け物は、正宗さえいなくなればと思い立ち、一計を案じる。人間に化けて夕暮れに正宗のもとへやってくると、

「明日の朝、一番鶏が鳴くまでに一〇〇〇振りの刀を打つことができたら、そなたの命はもらう」

と、勝負を挑んだのである。

「一晩に一〇〇〇振りとは。やれるものならやってみるがよい」

たかをくくった正宗は、化け物の申し出を軽くのんでしまった。

化け物は、さっそく鍛冶場に入ったが、いつになっても槌《つち》を打つ音が聞こえてこ

ない。不審に思った正宗がこっそり鍛冶場を覗《のぞ》き込むと、そこには驚くべき光景があった。

世にも恐ろしい姿をした化け物が、真っ赤に焼けた鋼《はがね》を素手で摘《つま》み、まるで飴《あめ》細工のようにびよーんと伸ばしては、次々と刀を作りだしている。完成した刀はすでに山と積まれ、これでは間違いなく一番鶏が鳴くまでに一〇〇〇振りを作り上げてしまうだろう。

正宗は、大急ぎで鶏小屋に行くと、まだ眠っている鶏の止まり木に、静かに湯をかけた。すると、湯の温かさを夜明けの暖かさと勘違いした鶏は、声高らかに、「コーケコッコー」。

これを聞いた化け物は、

「しまった。あと一つというところだったのに。しくじった」

と悔しそうに言うと、作った刀を抱え、空高く飛び去った。鍛冶場には、化け物が抱えそこねた三振りの刀が残されていた。

これらを正宗がきれいに仕上げ、鶏の金象嵌《きんぞうがん》をほどこし、「魔性の摘み打ち」と呼ばれる三振りの刀が完成した。その中の一つが、御田八幡宮に伝わる「百足丸」であったといわれている。

第6章　怪刀伝説

百足丸の奇想天外な逸話には、まだ続きがある。

時は下り、幕末の戊辰《ぼしん》戦争のころのこと。板垣退助《いたがきたいすけ》率いる土佐藩迅衝《じんしょう》隊の隊員の男が、出陣した山中で、一人道に迷った。歩きなれた道であるのに、まるで呆《ほう》けてしまったかのように、今自分がどこにいるのか、そしてどこへ向かえばいいのかがわからない。途方に暮れていると、どこからか「コケコッコー」と、鶏の声が聞こえてきた。

「はて。ここは人里離れた山中。鶏などいるはずがない。いよいよおかしくなってきたようだ」

そう思った矢先、また鶏が鳴いた。今度は二度三度と続けざまに鳴いた。その途端、憑《つ》き物が落ちたように、向かうべき道がはっきりとわかった。どうやらあの鶏の声は、腰に差した刀に彫られた金象嵌の鶏だった。どういう経緯をたどったか、あの百足丸はこの男に渡っていたのである。

その後、男は百足丸をお宮に奉納するのだが、いつのまにか男の家に戻ってきてしまう。何度奉納しても戻ってくる。恐ろしくなって、今度は質屋に入れた。思いがけず、世に聞こえる百足丸を手に入れた質屋の主は、百足丸を蔵に入れて厳重に保管した。

その夜のことである。深夜、突然、百足丸の置かれている蔵が、ガタガタと揺れだした。質屋の主が恐ろしさに足を震わせながら蔵に入ってみると、百足丸は本性を現した。身の丈一丈（3・3m）ほどの巨大な百足に変化《へんげ》して、蔵の窓から飛び去ったという。

残念ながら、現在百足丸の所在はわかっていない。

化け物を斬った英雄の太刀

祖師野丸

◈そしのまる

平治元年（1159）、京都六波羅《ろくはら》で平氏に敗れた源義朝《よしとも》は、京都を落ち、本拠東国を目指した。途中、三男・頼朝《よりとも》は一行とはぐれて平氏に捕らえられ、翌年、伊豆《いず》国（静岡県西部）の蛭ヶ小島《ひるがこじま》に流されることになる。次男・朝長《ともなが》も落ち延びる途中で負傷しその傷がもとで落命。父・義朝は尾張《おわり》国（愛知県東部）で謀殺された。

そして、本項の主役である長男・源義平《よしひら》は、別のルートで東国を目指していたが、途中で父・義朝の死を知り、父の仇《かたき》を討つべく都に引き返した。

義平は、わずかな家臣と共に、現在の岐阜県・揖斐《いび》から武儀《むぎ》、郡上《ぐじょう》を経て、祖師《そし》野《の》村にやってきた。そこで村人から、「大狒々《おおひひ》」と呼ばれる怪物の話を聞く。大狒々は、毎年祭礼の日にやってきて、人身御供《ひとみごくう》に村の娘を要求し、さらっていくという。

そして祭礼の日がやってきた。義平は娘のふりをしてつづらに入り、祖師野の宮の森で、大狒々がやってくるのを静かに待った。

夜が更けて、なにやら生暖かい風が吹き始めた。大狒々が近づいてくる気配がする。つづらの中で、義平は愛刀を握りしめた。そして大狒々がつづらに手をかけたそのとき、がばりと蓋《ふた》を開けて中から飛び出すと、大狒々めがけて太刀を振り下ろした。バサリ！　化け物は悲鳴を上げて走り出す。義平はそれを追い、岩の洞窟に追い詰めて、みごと討ち取ったのである。

村人から、ぜひこの村に残ってほしいとたのまれた義平だったが、義平にはまだ父の仇を討つという大仕事が残っている。大狒々を倒した愛刀を村に残し、村を去ったが、途中平氏に見つかり、京・六条河原で斬首《ざんしゅ》となった。

祖師野村では、大狒々から村を救ってくれた源氏の再興と武運を願い、源氏の氏神・鶴岡八幡宮（鎌倉）の分霊を迎えて祖師野天満宮を創建した。大狒々を追い詰めた洞窟は「岩屋岩陰遺跡」として残っている。また、義平が村に残した太刀は、「祖師野丸」として今もこの宮で大切に保管されている。

祖師野天満宮では、毎年八月に宝物の虫干しが行われ、その際、この祖師野丸も、一年ぶりにその姿を見せるそうである。

敵も味方も震え上がる…
真柄太郎太刀・次郎太刀◆まがらたろうたち・じろうたち

越前国《えちぜん》（福井県北東部）に、戦国一の豪快な武将がいた。名は真柄十郎左衛門直《まがらじゅうろうざえもんなお》隆《たか》。元亀元年（1570）、織田信長との姉川の戦いで越前朝倉氏の家臣として参戦し、討ち死にした男である。

十郎左衛門の何がそんなに豪快かということは、この男が振るった太刀を知ればすぐにわかる。まずは、この太刀を語った「落語」の一節を紹介しよう。

「一尺二寸（約36㎝）とは、ずいぶん短い刀だな」

「勘違いするな。それは刀の横幅だよ」

「そんな刀を持っていたら、前が見えないだろう」

「そう。だから刃のところどころに窓を開け、覗《のぞ》いてはちょいと斬り、また覗いてはちょいと斬り」

これでおわかりだろう。十郎左衛門は、戦国一の大太刀を振るった武将である。

江戸時代初期に成立した『信長公記《しんちょうこうき》』によると、姉川の戦いで使った太刀は、刃《じん》長《ちょう》五尺三寸（約160㎝）。『朝倉始末記』には、後の将軍・足利義昭《よしあき》の前で、刃長九尺五寸（約288㎝）の太刀を余興で振るったと記されている。

名古屋市の熱田《あつた》神宮には、十郎左衛門が使ったとされる「真柄太郎太刀（刃長221・5㎝）」「真柄次郎太刀（同166・7㎝）の二振りがある。次郎太刀は姉川の戦い直後に奉納されており、茎《なかご》には南北朝時代の刀匠・千代鶴国安《ちよづるくにやす》の銘が入っている。いずれも華美な装飾はなく実用的、まさに振るうことを意識した作りである。

戦国時代の太刀は、扱いやすい短いものが主流だった。そんな戦場に、このような大太刀を振りまわす武将がいたとしたら……。敵にとってはどれほどの恐怖だったことだろう。

温泉を掘り出した

蟬丸◆せみまる

山形県最上《もがみ》地方の亀割山《かめわりやま》の南麓、小国《おぐに》川に沿って静かな佇《たたず》まいの温泉郷がある。古くから新庄の奥座敷として賑わった「瀬見《せみ》温泉」だ。

兄・源頼朝から追われた義経《よしつね》は、武蔵坊弁慶《むさしぼうべんけい》らわずかな家臣と共に、陸奥《むつ》国（岩手県）平泉を目指していた。亀割山の嶮《けわ》しい山道をよじ登り、ようやく山の頂を越したところで、義経の奥方（静御前）が急に産気づいた。弁慶は産湯をさがして谷を下り、川辺にふつふつと音のする岩の割れ目を見つけると、持っていた薙刀《なぎなた》「蟬丸」で岩を砕いた。すると中からこんこんと温泉が湧き出てきたという。これが今に続く瀬見温泉の発祥で、弁慶の薙刀「蟬丸」に由来してその名が付けられたといわれている。

余談だが、生まれた子は山の名にちなんで「亀若丸」と名付けられた。元気なお子であったが、ここは仇《かたき》の国であると知っているのか、生まれてから一声も泣かなかった。それが、いよいよ平泉に近くなってきたころ、亀若丸はようやく安心したのか、初めて大きな産声を上げた。その地は以来「鳴子《なるこ》」と呼ばれるようになったという。

そのほか、瀬見温泉の近くには、弁慶が放り投げた岩や松の木、弁慶が座った岩など、一行にゆかりの遺物が多く残っている。

恐ろしげな異名の意味は…

人間無骨◆にんげんむこう

織田信長に寵愛《ちようあい》された小姓・森蘭丸《らんまる》の名はよく知られているが、その兄・長可《ながよし》をご存じだろうか。「鬼武蔵」と呼ばれ、その異常なまでの豪勇ぶりには、敵はおろか味方でさえも恐れていたという。

関所破りや誘拐、騙《だま》し討ちなどは朝飯前。初陣で単騎突破し二七人を討ち取る、八〇〇〇人の一揆《いっき》勢にわずか三〇〇〇人で突撃し二四〇〇人を撫《な》で斬りにして一揆を鎮める、信濃《しなの》国（長野県）高遠城《たかとおじょう》攻めの際は城の屋根にあけた穴から老若男女かまわず無差別射撃で皆殺しにするなど、血生臭いエピソードには事欠かない武将である。

そんな鬼武蔵＝長可の手には、いつも十文字の槍《やり》が握られていた。室町時代に活躍した美濃《みの》国（岐阜県南部）関の刀匠・和泉守兼定《いずみのかみかねさだ》の作で、表に「人間」、裏に「無骨」の彫刻が施されており、「人間無骨《にんげんむこつ》」と呼ばれた。この槍をもってすれば人間など骨のない肉の塊のように貫かれる、という意味である。

森家から森家の研究家・某氏に伝わり今も現存するとか、一時は靖国神社や博物館にも展示されていたが現在は所在不明であるとか、東京の資産家の元に渡ったが、震災の際、避難してきた人々の暖をとるために火にくべられたなどといわれ、どれが真実なのかはわかっていない。

酒瓶が、みごと真っ二つ！

瓶割《かめわり》

一刀流《いっとう》剣術の始祖・伊東一刀斎《いっとうさい》は、謎の多い人物である。生誕の地、生没年についても諸説あり、一説には、１５５０年、伊豆大島に配流された武士の子として生まれたとされ、若いころは鬼夜叉《おにやしゃ》などと呼ばれていた。生涯に一度も剣士との戦いに負けたことはなく、関ヶ原の戦い以降は隠棲《いんせい》し、１６３２年まで生きたとされている。

その伊東一刀斎の愛刀であったと伝わるのが「瓶割《かめわり》」だ。

瓶割は、もともと相模国《さがみ》（神奈川県）の三島神社に奉納されたものだった。神前に吊《つ》るし大切にしてきたが、あるとき突然落下し、下にあった酒瓶を真っ二つにした。ここから、瓶割の異名が付いたという説がある。

異説もある。一刀斎が、まだ鬼夜叉と呼ばれていた若かりしころ、武術に優れた冨田一放《とだいっぽう》という男と戦い、勝利した。立会人を務めた三島神社の神官・矢田織部《やたおりべ》はいたく感心し、一刀斎に古くから三島神社に伝わる日本刀を与え、共に暮らすようになった。

あるとき、一刀斎との戦いに敗れた冨田一放が、一刀斎のもとに七人の刺客を送り込んだ。一刀斎は次々と刺客を倒し、最後に瓶の裏に隠れた一人を瓶ごと叩き斬った。そのとき使った日本刀を瓶割と呼ぶようになったという。

以後、瓶割は一刀流宗家の証しとして受け継がれ、後に日光東照宮に奉納されたが、現在は行方不明となっている。

文殊菩薩が注文した

手掻包永◈てがいかねなが

「三人寄れば文殊《もんじゅ》の知恵」という言葉をご存じだろうか。平凡な人でも三人が協力すればよい知恵が出るものだという意味で、知恵の象徴となっているのが文殊、つまり文殊菩薩《ぼさつ》のことである。この文殊菩薩を本尊とするのが、奈良県の般若寺《はんにゃじ》である。

般若寺は、東大寺の西の門・転害門《てんがいもん》から1㎞ほど北上したところにあるが、この転害門の門前街に、四郎左衛門包永《かねなが》という刀匠が住んでいた。包永は熱心な文殊菩薩の信仰者で、暇さえあれば菩薩の前にひざまずき、「名工といわれる腕をお与えください」と願掛けしていたという。文殊菩薩はその右手に「利剣《りけん》」と呼ばれる剣を持っている。それは、煩悩《ぼんのう》や邪悪な考えを断つ剣であり、また、知恵の象徴として「智剣」とも呼ばれている。包永はいつもこの利剣を見ながら、自分もいつかあのような、人に尊ばれるほどの刀を打ってみたいと願っていた。

ある日、いつものように文殊菩薩に祈りを捧げていると、どこからともなく一人の童子が現れた。

「私のために利剣を作りなさい。そうすれば、そなたの望みは叶《かな》うでしょう」

「かしこまりました」

深々と頭を下げる包永の前から、いつの間にか童子は消えていた。そして、「これは文殊様のお使いに違いない」と、いそいで鍛冶場に戻り、身を清め注連縄《しめなわ》を張る。最高の鋼《はがね》と炭を用意し、文殊の加護を願う呪文を唱えながら、一心不乱に槌《つち》を振るった。完成したものは、これまでにない会心の一振りとなった。

約束どおり、あのときの童子がやってきた。そして包永が完成した剣を渡すと、消えるようにいなくなった。

ところが、その夜から奈良の市中に人斬りが出没するようになった。斬れ味鋭い刃で通行人に斬りかかる。目撃者によると、犯人は童子だったという。包永はぞっとした。自分の打った剣が、利刀になるどころか悪事に使われている……と。

それから数日後、依然として人斬りの被害が続く中、般若寺で、悪事退散の祈禱《きとう》が行われた。一人の僧が、ふと文殊菩薩の右手の剣を見ると、なんだかきのう見たときと光り方が違うような気がする。近づいて剣をもぎ取って見ると、茎《なかご》に「包永」の銘が切られているではないか。不思議に思った僧が包永のもとを訪れ、話を聞くと、菩薩の手に握られていた剣は、童子に渡した利剣に間違いないようだ。

この日から、あの恐ろしい人斬りは、ぱったりと姿を見せなくなった。包永の打った「利剣」の力に違いないと、寺から多くのご褒美と共に、「文殊四郎」と名乗ることを許されたという話である。

名刀展で起きた不可解な出来事

袖の雪《そでのゆき》◆

昭和五〇年代半ばのことである。ある美術館で、名刀展が開催された。ここで、原因不明の奇妙な出来事が起こった。

それは、展覧会初日から五日目のことである。

深夜一二時三〇分ごろのこと。静まり返った館内に、突然防犯ブザーの音が鳴り響いた。この美術館では当時、名刀など重要なものが展示されるときには男性職員が館内に宿直することになっていたのだが、その日の当直員I氏は急いで展示会場に駆けつけた。

「誰かいるのか！」

何の返事もない。明かりをつけて隅々まで確認したところ、誰かが立ち入った様子は微塵《みじん》もなかった。防犯ブザーの調子が悪いのだろうと自分を納得させ、その夜は過ぎた。

その翌日。またも突然防犯ブザーの音が響いた。時刻を見ると、昨夜と同じ一二時三〇分である。展示会場を確認したが、やはり何も異常は見当たらない。そして、次の日も、その次の日も、同様の出来事が続いたのである。

「これはどうもおかしい。防犯ブザーの故障なんかではないぞ」と、職員たちが首をかしげる中、ある学芸員が「あっ」と声をあげた。

「もしかして、あの太刀が……」

それは、「袖《そで》の雪」の号をもつ、鎌倉時代末期に活躍した備前《びぜん》国の刀匠・助次《すけつぐ》の太刀である。黒漆《くろうるし》塗りの白鞘《しろさや》に金字で由緒が書かれている。

「天正三乙亥年五月二十日子ノ下刻、武田兵庫頭信実討死の刻、三州名倉住奥平喜八郎信光得之」

天正三年五月二〇日の深夜一二時〜一時に、武田信実《のぶざね》（安芸《あき》武田氏最後の当主）が討ち死にした。三州（三河国）名倉城主・奥平信光《のぶみつ》が、この太刀を分捕《ぶんど》った、という意味である。

連日防犯ブザーが鳴るのは、ちょうど「子《ね》の下刻」。しかも、この袖の雪の隣には、奥平信光と共に武田方に攻め入った酒井忠次《ただつぐ》の佩刀《はいとう》・国宝「真光《さねみつ》」が展示されている。これは武田信実の怨霊《おんりょう》の仕業ではないかと、一同体を震わせた。

その日の夜は、閉館後、袖の雪を保管庫に引き揚げてみた。美術館の館長も、深夜まで様子を見ていたが、この夜は、防犯ブザーは鳴らなかった。信実の怨霊説はますます強まり、翌日、供養のためのお経をあげてもらったという。

主人のもとへ帰りたい…

蛇丸◈へびまる

室町時代初期のこと、豊後国《ぶんごのくに》（大分県）に吉弘某《なにがし》という人物がいた。この男は、愛刀の斬れ味を試すために、諸国を行脚《あんぎゃ》し千人切りを試みたという人物だ。

ある日、京都で最後の一人を斬ったときに、手元がすべり、太刀を川に落としてしまった。がっくりと肩を落として九州に戻ったところ、村は「博多の海辺に光る蛇が現れる」という噂でもちきりだった。行ってみると、確かに光る蛇がいる。いや、本当に蛇なのか？

近づいてみると、それは京都の川に落とした自分の太刀であった。すっかり諦《あきら》めていたところに思いがけない再会。男は愛刀を「蛇丸」と名付け、吉弘家の家宝とした。

それから数百年後、吉弘家の家督となった統幸《むねゆき》は旅に出ていた。途中荒れ果てた寺を拝借し、一夜を過ごしていた。夜も更け、すっかり寝入っていたところ、不気味な気配に目を覚ました。得体の知れないものに抱え込まれ、身動きがとれない。すると、腰に下げていた蛇丸が、ひとりでに鞘から抜け出て統幸を襲う何かを斬り倒したのである。翌朝見ると、そこには巨大な蜘蛛《くも》の死骸があった。以後、蛇丸は「蜘蛛切」と呼ばれることとなる。

その後統幸が亡くなると、蜘蛛切は長男・政宣《まさのぶ》に伝わり、政宣から主君であり筑《ちく》後柳川《ごやながわ》藩藩主である立花忠茂《ただしげ》に献上された。ところが、蜘蛛切がやってきてからというもの、立花家には不気味な出来事が起こるようになった。夜になると奇妙な光が浮き上がる、夜中に物音が聞こえるなど、それは毎晩続いた。家中の者がおびえるため、忠茂は、

「この太刀は、吉弘家に戻りたいようだ」

と言って、政宣に蜘蛛切を返した。以来、立花家の異変はぱたりとやんだ。そして蜘蛛切は、再び吉弘家の家宝として大切に伝えられたという。


人を斬って人気急上昇！

一竿子忠綱◆いっかんしただつな

天明四年（1784）、若年寄・田沼意知《おきとも》（意次《おきつぐ》の長男）が、殿中にて斬りつけられた。斬りつけたのは、殿中警備を役目としていた佐野善左衛門《ぜんざえもん》。番所の前を通りかかった意知に、突然、

「佐野善左衛門でござる。覚えがござろう！　覚えが！」

と迫り、「一竿子忠綱」の脇差で肩口を斬りつけたのである。逃げる意知、追う善左衛門。とどめの一刺しというところで手元がくるい、意知の腿《もも》に刺さったが、傷は深く、それから数日後に死亡した。騒ぎを起こした善左衛門は切腹を命じられた。

この騒動の直後、これまで驚くほど高騰していた米の価格がみるみる下がり始めた。庶民はこれを善左衛門の刃傷《にんじょう》事件のおかげであるとして、善左衛門を「世直し大明神」と崇《あが》め、墓所にはひっきりなしに人が訪れるほどだったという。

また、意知を斬った一竿子忠綱は、俄然《がぜん》人気が出始め、その値は米とは逆に、ぐんぐん高騰したという。

なお、作者・一竿子忠綱は、江戸時代元禄期のころに活躍した摂津国《せっつ》（大阪府北部と兵庫県の一部）の刀匠。意知を斬ったのは、二代近江守忠綱作の大脇差だったといわれる。

斬られた大工が呪いを込めた…

鉋切長光 ◆かんなきりながみつ

室町時代のことである。

江州堅田《ごうしゅうかただ》（滋賀県大津市）の武士・堅田又五郎が、出入りの大工を連れて伊吹山の山中を歩いていた。そろそろ日が暮れようとしているころである。木がうっそうと生い茂る薄暗い道に差しかかったところで、連れの大工が突如恐ろしい形相に変わり、又五郎に襲いかかってきた。

「くせものめが！」

と一喝したかと思うと、又五郎は腰の小太刀を素早く抜いて斬りかかった。大工は手に持っていた鉋《かんな》で又五郎の振るう太刀を素早く受け止める。すると、カーンという甲高い音とともに鉋は真っ二つに斬られ、大工もろともすーっと消えていった。この出来事から、又五郎の小太刀には「鉋切《かんなきり》」の異名が付けられたという。

この話を聞きつけた主君・佐々木六角氏は、鉋切を所望する。又五郎は断ることもできず、召し上げられてしまった。

その後、佐々木六角氏の代が替わり、鉋切の来歴も忘れられてしまったころのこと。当時の当主が病に倒れた。医師の治療も薬もまったく効果が出ない。そこで、評判の占い師に見てもらうことにした。

「これは、むかし又五郎とかいう男に斬られた大工の祟《たた》りに違いありません。祟りを鎮《しず》めるには、百済寺《ひやくさいじ》に、大工を斬った刀と共に、ご当主様の代わりに、誰かの命《いのち》を捧げないとなりません」

このお告げに、六角氏の一族・鯰江《なまずえ》氏が名乗り出た。そして、百済寺の墓地に、生きながら埋葬された。すると、大工の祟りも消えて、当主の病も快癒したそうである。

鉋切は、備前長船派の刀匠・長光作。その後、織田信長、丹羽長秀《にわながひで》らを経て将軍家に渡り、現在は重要美術品に認定され、徳川博物館が所蔵している。

刀にうるさい剣術家も認めた脇差

鬼の包丁◆おにのほうちょう

「鬼の包丁」は、江戸時代の剣術家・柳生厳包《としかね》（連也斎《れんやさい》）の脇差。

厳包は、「夜伽《よとぎ》のあと、ぐっすり寝込んでいるところを襲われては一生の不覚」と言い、生涯妻を娶《めと》らなかったほどの武人で、刀選びも尋常ではなかった。

そんな厳包より脇差の注文を受けた刀匠・肥後守秦光代は、これまでに、すでに六度もだめ出しをされている。そしてようやく七振り目が完成した。これならば大丈夫と、自信満々に厳包のところへ持っていった。するとまたもや厳包は「これではだめだ」という。秦光代は、

「斬ってみなければわかりません」

と言って、そばにあった風鎮《ふうちん》（掛け軸の先に付ける錘《おもり》のこと）を四つ重ねて打った。すると、みごとスパンと真っ二つ。これを見た厳包は「これならよかろう」と、脇差を納め、「風鎮切」と名付けた。

ある晩のこと。寝込みを刺客に襲われた厳包は、とっさにこの風鎮切を抜き、片手打ちで刺客たちを切り倒した。その斬れ味に感心し、「鬼の包丁」と呼び名を変え

たという。

実戦にはまるで使えない…

破邪の御太刀◆はじゃのおんたち

日本一長い日本刀といわれているのが、「破邪《はじゃ》の御太刀《おんたち》」。山口県下松《くだまつ》市の花岡八幡宮に所蔵されている。

安政六年（1859）の花岡神宮の式年大祭に合わせ、南朝方の刀匠であった延寿《えんじゅ》派の末裔《まつえい》である延寿国村二七代国綱《くにつな》に製作を依頼した。門弟五人、手伝い役二人と共に砂鉄三〇〇貫（1125㎏）分の鋼《はがね》を鍛え、焼き入れの際には堰《せ》き止めた末武《すえたけ》川の水を使って急冷したという。

刃長《じんちょう》345・5㎝、茎《なかご》120㎝、反《そ》り28㎝、身幅13㎝、重ね3㎝、重さ75㎏。市指定有形文化財として、花岡八幡宮の資料館に展示されている。

実在しないが、人気の太刀

村雨◆むらさめ

これは、滝沢馬琴の『南総里見八犬伝』に登場する想像上の太刀である。実在しない日本刀だが、日本人にはおなじみの、あまりにも有名な太刀であるため、ここで簡単に触れておこう。

「村雨《むらさめ》」あるいは「村雨丸」といわれるこの太刀は、八犬士の一人・犬塚信乃《いぬづかしの》が所持する宝刀である。その最大の特徴は、「抜けば玉散る氷の刃」といわれるように、鞘から抜けば刀身は水気を帯び、血糊《ちのり》が洗い流されて斬れ味がまったく落ちないところにある。この力を利用して、村雨を振るって敵陣のかがり火を消したり、山火事を鎮めることもあった。

そのほか、物語に登場する日本刀としては、『国定忠治』の「俺にゃあ生涯手前という強い味方があったのだ」のセリフが示す「加賀五郎義兼《かがごろうよしかね》」、『丹下左膳』の、ひとたび離れ離れになると互いを求めてむせび泣き、血を見るまでは収まらないという「乾雲丸《けんうんまる》」「坤竜丸《こんりゆうまる》」などが有名である。

おどろおどろしい「号」あれこれ

弊衣［やれごろも］……僧侶の衣は生地が薄いため、古くなると切れやすいことから、斬れ味の鋭い日本刀を指していわれた。

踊佛［おどりぼとけ］……仏が踊ると袈裟《けさ》が落ちることを「袈裟斬り」にかけた異名。

地獄杖［じごくづえ］……日本刀を、人を地獄に送る杖に見立てた異名。
棚橋［たなはし］……棚橋とは欄干のない橋のこと。（欄干がないと）簡単に落ちることから、首も簡単に落ちるという意味。
船橋［ふなばし］……船橋とは船を並べて上に板を渡した浮き橋のこと。（欄干もなく揺れるため）よく落ちることから、首もよく落ちるという意味。
笹雪［ささのゆき］……笹の葉に積もった雪は払えばすぐに落ちることから。
腐り縄［くさりなわ］……腐った縄は切れやすいことから。
通抜［とおりぬけ］……骨を斬っても手応えがなく、すーっと通り抜けるような斬れ味から。
鵜呑［うのみ］……鵜が魚をスルスルと飲み込むように、スルスルと斬れることから。
松風［まつかぜ］……松の木に風が吹きつけたときに鳴るザァーという音のように、ザァーッと斬れることから。
夢ノ間［ゆめのま］……脇の下を切ったが手応えがまったくなく、まるで夢を見ている間に斬れてしまったことから。
紅炉雪［こうろのゆき］……真っ赤な炉に雪を入れると一瞬のうちに消えることから、一瞬にして斬れる斬れ味を例えたもの。

さまざまな所有者の手に渡り、今日まで大切に受け継がれてきた日本刀。そこに、関わった人々の「心」と波乱万丈の「歴史」が秘められていることは、本書を読み終えたならもうお気付きだろう。日本刀は、決まりごとが多く敷居の高い世界のように感じるが、まずはこういうところから入るのも悪くない。

＊　＊

ある研究者は、日本刀に関心を抱いたばかりのころに興味があったのは、そのスペックや見た目の美しさではなかった。その名刀が誰の手に渡り、どんな役割を果たしてきたのかという、一振り一振りに秘められた歴史を知ることだったと言っている。反対に、美術館で初めて日本刀を見た瞬間、その姿に心を奪われたという愛刀家も多く、何に興味を持つかは人それぞれ。

いずれにせよ、一人でも多くの人が日本刀に興味を持ち、五〇〇年後、一〇〇〇年後も、変わらぬ輝きを見せていてほしいと願うばかりである。

索引

◉左記の文献を参考にさせていただきました――
『謎とき 日本合戦史』鈴木眞哉（講談社現代新書）／『柴田光男の刀剣ハンドブック』柴田光男（光芸出版）／『名刀と日本人――刀がつなぐ日本史』渡邊妙子（東京堂出版）／『信長公記』太田牛一（角川書店）／『名刀伝説』牧秀彦／『日本神話 神々の壮麗なるドラマ』戸部民夫（新紀元社）／『趣味の日本刀』柴田光男／『日本刀物語』福永酔剣／『日本刀おもしろ話』福永酔剣／（以上、雄山閣出版）／『新・日本名刀100選』佐藤寒山（秋田書店）／『日本名刀大図鑑』佐藤寒山（新人物往来社）／『ゲーム・アニメ・ラノベ好きのための「刀」大事典』レッカ社（カンゼン）／『図解 日本刀事典』歴史群像編集部／『図説 日本刀大全』稲田和彦（以上、学習研究社）／『日本刀ハンドブック』杉浦良幸（里文出版）／『名刀 その由来と伝説』牧秀彦（光文社）／『別冊宝島 日本刀の本』（宝島社）／『図解 武将・剣豪と日本刀 新装版』日本武具研究会／『ビジュアル図鑑 日本刀入門』日本武具研究会（以上、笠倉出版社）など

KAWADE
夢文庫

日本刀
妖しい魅力にハマる本

二〇一四年九月一日　初版発行
二〇一五年三月一日　2刷発行

著　者……博学こだわり倶楽部[編]
企画・編集……夢の設計社
東京都新宿区山吹町二六二〒162-0801
☎〇三―三二六七―七八五一（編集）
発行者……小野寺優
発行所……河出書房新社
東京都渋谷区千駄ヶ谷二―三二―二〒151-0051
☎〇三―三四〇四―一二〇一（営業）
http://www.kawade.co.jp/
装　幀……川上成夫＋横山みさと
印刷・製本……中央精版印刷株式会社
組　版……アルファヴィル
Printed in Japan ISBN978-4-309-49902-4